ほめる

AIに負けない子育て

ひろげる

～ことばは子どもの未来を拓く～

内田　伸子

はげます

はじめに

私は、2016年から「ウェッブ子育て相談室」（uchida.nobuko@ocha.ac.jp）を開設しています。開設当初から年に延べ100件ほどのご相談が寄せられます。

10年間に寄せられたご相談を見返したところ、よくあるご相談を11個に分類できました。それに基づき、まず乳幼児期のよくあるご相談へのアドバイスを『子どもの見ている世界～誕生から6歳までの「子育て・親育ち」』（春秋社、2017年初版、2020年6版）にまとめました。たっくん（1歳）とみぃちゃん（3歳）の目から世界はどのように見えるのかをご紹介し、子どもの目線に立って子育てしてほしいという願いを書きました。

最近、相談室には、「ゲームばかりしていて勉強しない」「中学受験に失敗した」「早ければ早いほど英語が上手になるの？」など、就学前～児童期のお子さんをお持ちの親御さんからのご相談が増えています。中でも「ゲームばかりしていて勉強しない」とか「夜中までSNSで連絡をとりあっていて心配」というようなご相談が目立って増えています。

確かに、近年のAI技術の開発と進展には目をみはるものがあります。AIは過去の情報をあっという間に検索・編集して、簡単にフェイク情報を流すことすらできるようになりました。子どもも大人も、ちまたにあふれる情報の真偽をきちんと区別し見分ける力が必要な時代になりました。

ＡＩに負けない力を育むために、親や保育者、そして教師は何ができるのでしょうか？「ＡＩに負けない力」とは一体どんな力なのでしょうか？　考えているうちに、個性、想像力、メタ認知、批判的思考力、非認知スキル…と浮かんできました。

それぞれについて発達心理学や脳科学の最新の成果を思い起こし、小学校や中学校、高等学校などで見学させていただいた子どもたちの学びの様子を思い浮かべながら考察を進めるうちに、「ＡＩに負けない力」はどのような力なのか、その答えにたどり着きました。そして、ＡＩに負けない力を育てるのに親や先生は何ができるのかについて提案してみたいと思いました。

前著と同様、ＡＩに負けない力を育むためには、親や先生は、子どもの目線から世界を捉え、子どもの前に広がる未来を一緒に眺めてほしいという願いをまとめることにしました。

子どもの目線から見る未来は、どのようなものでしょうか？　しばしご一緒に眺めてみましょう。

目次

3章 ことばの力

4章 想像するこころ……107

終章　AIに負けない力……217

1章

個性

私は２０１６年からウェッブ子育て相談室を開いています。子育てに悩む親や保育者からのご相談が、年に述べ１００件、メールで送られてきます。私の朝の仕事は、パソコンに向かいメールでのご相談に回答することから始まります。

ミホコさんのご相談

ノブコ先生

突然のメール失礼いたします。小学2年生の息子と、1歳の娘の子育てをしており、現在育休中です。

小学2年生の息子についてご相談させていただきたく、ご連絡いたしました。息子なのですが、自分の思う通りにならないと泣くということがよくあるようで、面談時に担任の先生から言われました。友人にからかわれたり、嫌なことをされたりして泣いて、先生から話を聞かれても泣いて話せないということがあるようです。

幸い、担任が素晴らしい先生で、周りで見ていた子からの聞き取りなども行い、総合的な判断をして指導していただいているところですが、思う通りに行かないから泣く、というのをそろそろ卒業してもらいたいと思っております。

つきましては、子どもとの接し方などで気をつけるべきこと、やったほうがいいことなどありましたら、ご教示いただきたく存じます。何卒よろしくお願いいたします。

〔横浜市在住　ミホコさん〕

さてこのご相談にどう答えるかを考えてみます。このご相談のお子さんは小学2年の男の子です。男の子は女の子に比べて発達がゆっくりです。児童期の低学年まではどうしても男の子の発達はゆっくりで、女の子の発達が早く進みます。このお子さんは下に妹が生まれ、お母さんの愛情が妹にとられてしまったと不安なのです。小学校に行っても心配で心配で授業に集中できないほどなのです。どのようにアドバイスしたかをお答えする前に、発達のペースの男女の違いはどこからくるのかについて考えてみましょう。

個性――「図鑑型」「物語型」

以前、私は研究室の大学院生の向井美穂さんと、生後10カ月の赤ちゃん80名を対象にして犬型ロボットのアイボを使った研究をしたことがあります。

プレイルームで赤ちゃんとお母さんに遊んでもらい、赤ちゃんが環境に慣れたころをみはからって、赤ちゃんが見たこともない犬型ロボットのアイボを赤ちゃんの前に置きました。すると、どの赤ちゃんもびっくりして、慌ててお母さんのそばにハイハイで近寄りました。その後の赤ちゃんの反応は、次の二つに分かれました（図1－1）。

一つは、「お母さん、これ何？」という表情をしてそばにいるお母さんの顔を不安げに見上げました。この「問い合わせ」タイプの赤ちゃんは、80人中48人いました。残りの32人は、アイボにくぎ付けになっていました。この「自分で探究」タイプの赤ちゃんは「おもしろそう！」という好奇心いっぱいの表情をしていました。

その後、この子たちが1歳半になったときに、新しいデザインのアイボを使って再び同じ実験を行いました。面白いことに、母親に問い合わせた

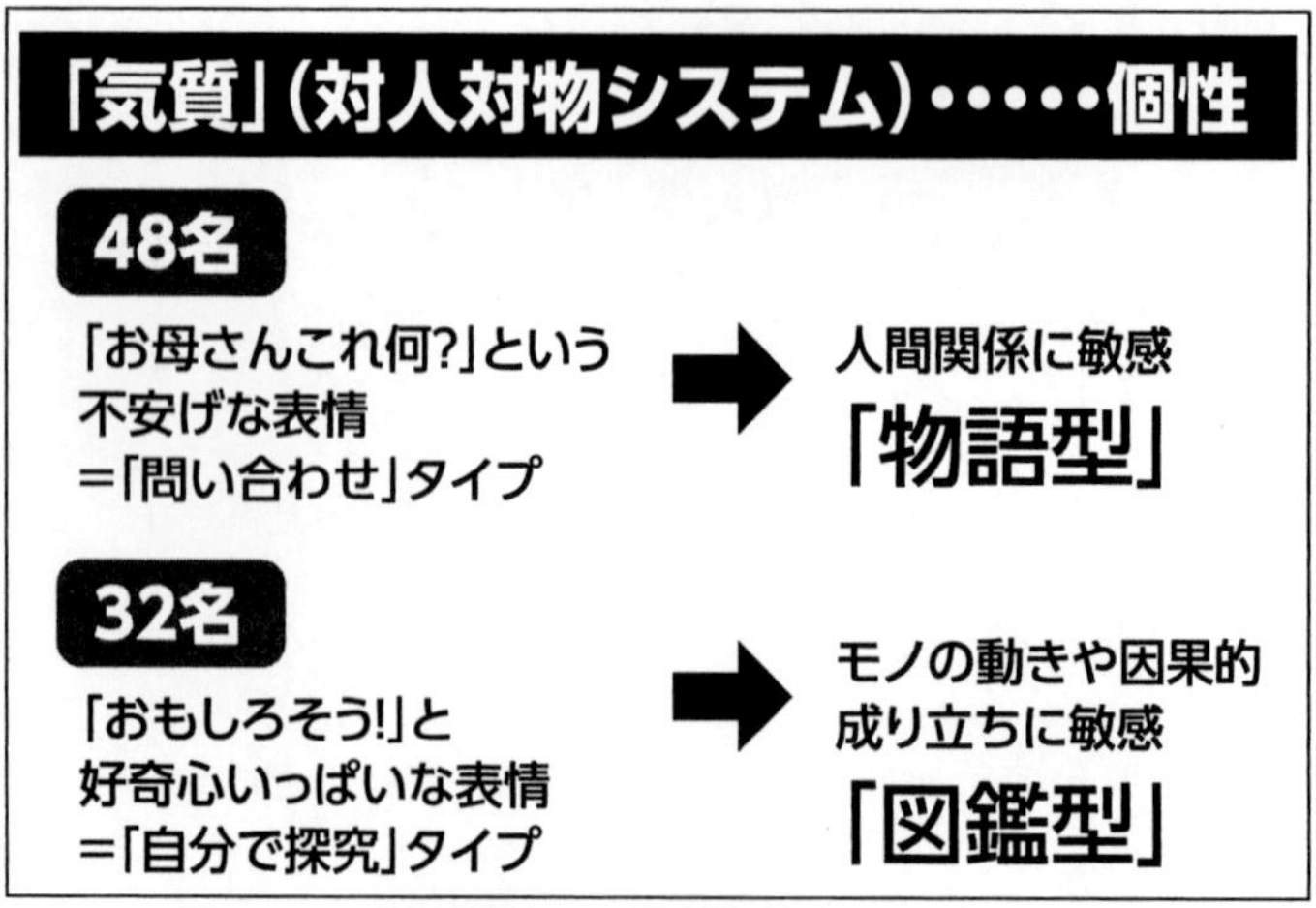
「気質」（対人対物システム）・・・・・個性
48名
「お母さんこれ何?」という
不安げな表情
=「問い合わせ」タイプ
人間関係に敏感
「物語型」
32名
「おもしろそう!」と
好奇心いっぱいな表情
=「自分で探究」タイプ
モノの動きや因果的
成り立ちに敏感
「図鑑型」

図１－１　「物語型」　vs.「図鑑型」（内田・向井，2008）

かどうかについてのそれぞれの人数の比率は変わりませんでした。つまり、10カ月のときに問い合わせをした赤ちゃんは、今回も慌ててお母さんのところにかけ寄り、「ワンワン？」と言いながらお母さんに問い合わせました。一方、10カ月のときに問い合わせなかった赤ちゃんは、1歳半のときも、お母さんに近寄りながらも目はアイボにくぎ付けになっていました。中には、おっかなびっくりアイボに近寄り、じっくり観察する子もいました。

どうやら、赤ちゃんのころから「気質」「性格」というものはある程度できているようです。子どもたちの気質の調査をしてみると、お母さんに問い合わせた子どもは人間関係に敏感なタイプ、一方、アイボをじっと見つめていた子どもは、物や物の動き・変化に関心をもつタイプだということがわかりました。

気質は父親や母親、そして祖父母や曽祖父母の遺伝情報を受け継ぐものですから、同じ夫婦から生まれた兄弟でもどちらの遺伝を受け継いでいるかで、気質の違いがあらわれます。

この実験に協力してくれた子どもたちを3歳になるまで追跡調査しました。この子どもたちは大学の近くの幼稚園や保育園に通園していました。幼稚園や保育園で、子どもたちの様子を観察させていただきました。

幼稚園や保育園での子どもたちの遊びや、どんな絵本を好むかについて調べたところ、母親に問い合わせた48人は、おままごとが好きで物語絵本を好むことがわかりました。一方、母親に問い合わせなかった子どもは、乗り物のおもちゃやブロック遊びが好きで、図鑑や科学絵本を好むことが確認されました。そこで私は、お母さんに問い合わせをした子どもを「物語型」、アイボに興味を引かれてじっと見つめた子どもを「図鑑型」と呼んでいます（**図1－2**）。

物語型は人間関係に敏感で、「おはよう」「こんにちは」などの挨拶や「きれいね」「おいち（し）いね」などの感情を表現することばから覚えていきます。

図鑑型は物の名前をたくさん覚えるのが得意です。物や物の成り立ちや動きに興味があるので、「おっこちた」「なくなっちゃった」、救急車を見な

5%が動詞
「図鑑型」
疑問：性差の秘密は?

図１－２　「物語型」　vs.「図鑑型」（内田・向井，2008）

がら「ピーポ・ピーポっていってる」など、動詞もよく覚えます。

どちらがいい悪いという話ではなく、子どもにはそれぞれの個性があるということなのです。

子どもが気質的に難しい、いわゆる「扱いにくい子」、あるいは「健康だけどどこか変わっている子」であった場合、実際に児童期以降の問題行動につながることが示唆されています。

しかしながら、たとえ生まれつき気質的に難しい子どもであっても、乳幼児期の子育てや保育の中で、親や保育者が適切に対応していくことで、将来の問題行動を回避することができると考えられます。子ども一人ひとりを丁寧にお世話すれば、扱いづらいという感覚は減っていくのです。子ども一人ひとりが自分の関心にあった自発的な遊びをする中で、子ども同士の学び合い——「互恵楽習」が活発になり、社会性も自分の感情を調整する力も育まれていくのです。

母親は子どもの個性に合わせてことばをかけている

同じ実験で母親たちのことばかけを調べたところ、乳児の気質の特徴に合わせて自然に調整されていることがわかりました。母親は、物語型の子どもには「ワンワンよ。怖くないよ。

かわいいね」とか「ワンワンよ。かわいいかわいいしてごらん」などとことばをかけていました。一方、図鑑型の子どもには、「ほら、見てごらん。ワンワンよ。○○ちゃんのもっているワンワンとはちがうけど、ワンワンよ」とか「ワンワンのしっぽ、動いているよ。おもしろいね」というように、アイボの特徴を説明してあげる母親が多かったのです。

私の教え子の大学院生は、個性の違う小学生の兄弟２人の母親ですが、兄弟それぞれにかけることばは違っていると話してくれました。

雨が降っている中、自転車で遊びに行こうとしている兄には、「気をつけてね。○○ちゃんがケガするとママ悲しいから」。すると、このことばを聞いた兄は、「うん。気をつけるから大丈夫」と答えるそうです。兄は、母親に似てどちらかといえば物語型で、他人の気持ちを考えて行動するタイプだそうです。一方、父親似で図鑑型の弟には、同じようなことばをかけても聞いてはくれないそうです。そこで、「今日は雨だから、急ブレーキをかけると道路の摩擦抵抗がなくなって、タイヤが滑って、こけちゃうからね」と声をかけると、「わかった、気をつけて行ってくる」と答えるというのです。

母親は物語型や図鑑型といったタイプの違いを知らなくても、どんなことばをかけると子どもが聞いてくれるのかよくわかっていて、自然と子どもの個性の違いに合わせてことばかけを調節しているのでしょう。

このように、子どもは他人の感情を手掛かりにして自分の行動を調整していますが、親の側でも子どもの個性や気質に合わせてことばかけや働きかけを自然に調節している点も興味深いですね。

男の子は「図鑑型」・女の子は「物語型」が多い――脳の性差

このアイボを使った実験では、図鑑型気質は男児に多く、物語型気質は女児に多いことも明らかになりました。

気質の性差は、知能テストの得意分野の違いにも表れます（**図1−3**）。女性は言語発達が早く、発音が明瞭です。最初に「カ」のつくことばを思い出して唱えるという「頭とりゲーム」のような「単語問題」の成績がよくなる傾向があります。手先も器用なので、棒をすばやく上下逆転させて隣の穴に並べるというテスト（ペグボード課題）の成績も高く、また加減乗除の計算問題の成績も高いという結果が出ます。

一方、男性は地図を読み取るときに必要な、頭の中で図形を回転させる「心的回転課題」の成績が高く、複雑なジグソーパズルも難なく解決したりします。また、的に矢を当てる「ダーツ問題」の成績も高くなる傾向があります。

女児は口が達者で、手先が器用。男児は地図を読み取ったり、平面から立体を想像したり、ボール投げが得意だったりと、男女で得意分野が違います（サイモン、2005）。

このように得意分野に性差があるのは、脳の成熟の度合いに性差があるためです。また成熟の時期にも性差があります。女児は

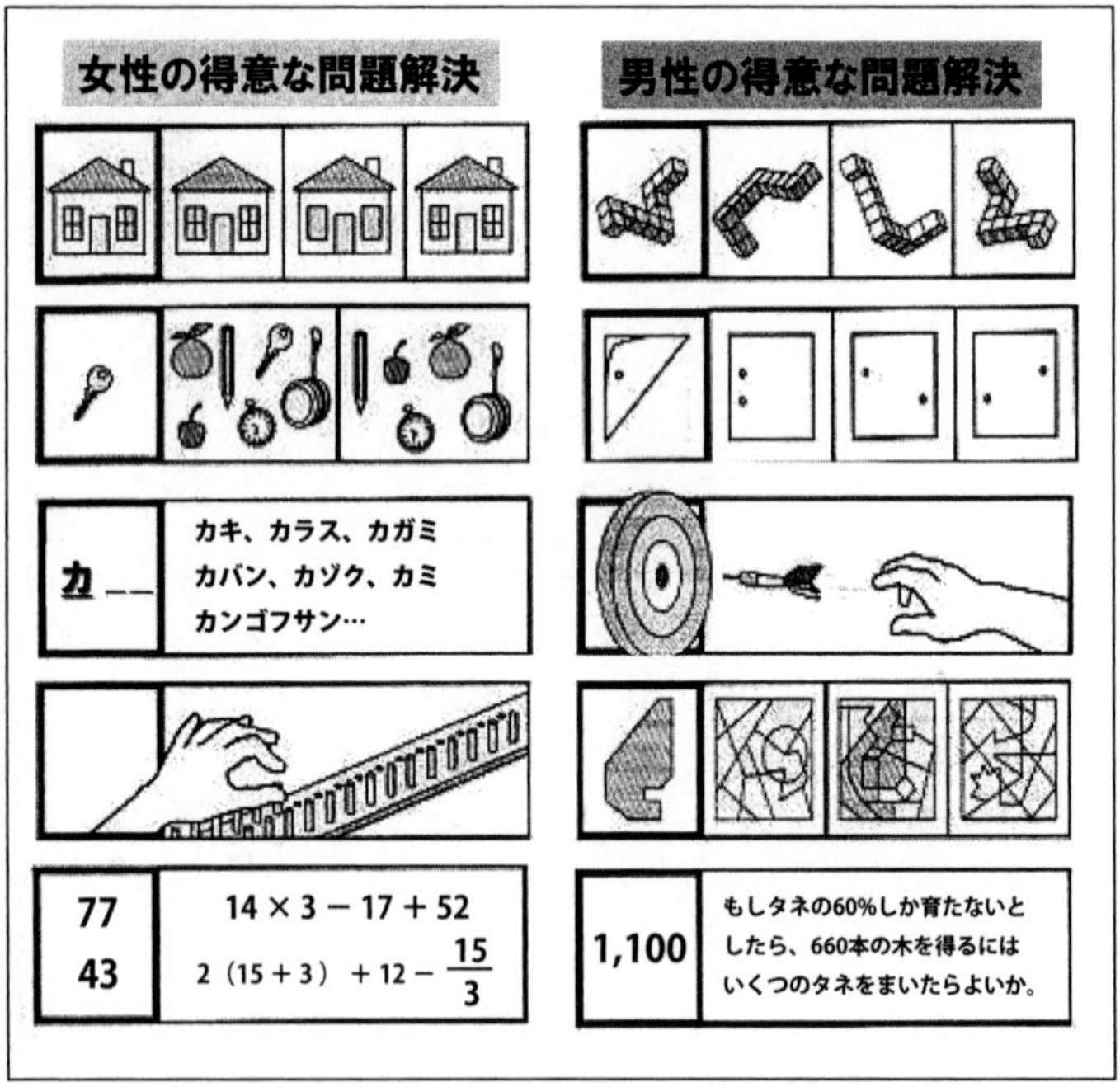

図1－3　得意分野の性差　（D. キムラ ,1992）

乳幼児期～小学校低学年まで大脳新皮質が成熟しますが、男児は最初はゆっくりで小学校高学年になって急速に大脳新皮質が成熟するのです。大脳新皮質の各部位の働きは、誕生直後は決まっていませんが、成長するにつれてどの部位がどんな働きを担うか役割分担が決まります。大脳新皮質の神経細胞(ニューロン)の「局在化(lateralization)」によって働き方の分担が決まってくるのです。

　左脳は「理性」をつかさどり、右脳は「感性」をつかさどると言われています。図1－4に示したように、左脳は、言語や計算などに使われます。信号が変わったときすぐに飛び出さず、「ちょっと待て。左右をよく見てから歩き出せ」と指令を出すのは左脳です。音楽を聴くとき活躍するのは右脳です。平面から立体を想像したり、知能テストの心的回転課題を解決したり

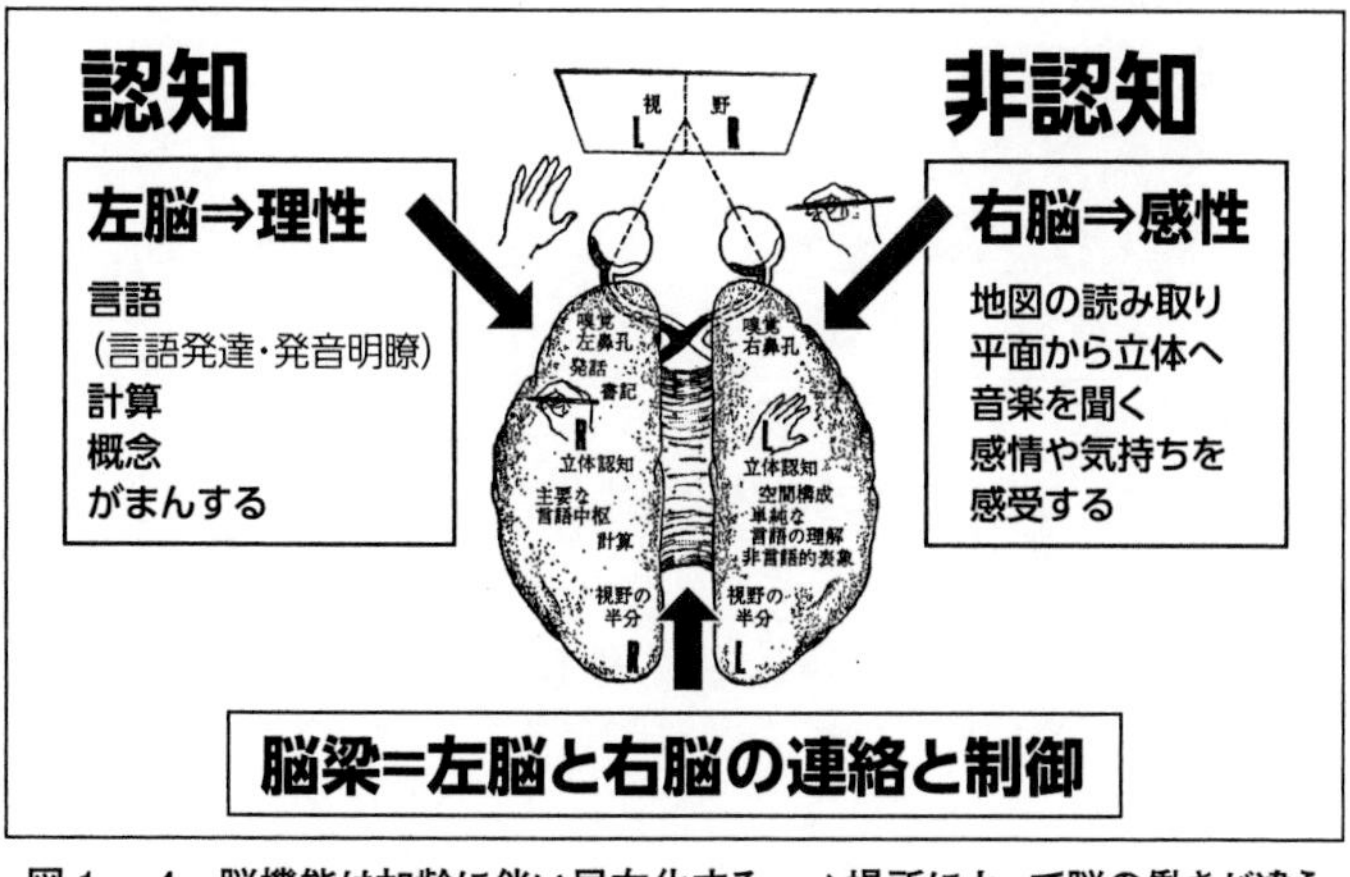

図１－４　脳機能は加齢に伴い局在化する　⇒場所によって脳の働きが違う

するときにも右脳が働いています。

　子どもが、触ることを禁じられているものを触ってしまい、母親に「触ったらいけません」と叱られたとき、左脳と右脳は連携して指令を出します。この場合は、母親の怒りの感情を「ママ怒ってる」と感じとるのは右脳で、「触るのをやめなさい」とブレーキをかけるのが左脳です。このように私たちが行動するときには、左脳と右脳が連絡し制御し合っているのです。

　図1－5には神経細胞の髄鞘化の仕組みを図示しています。環境から刺激を受けると大脳の神経活動が始まります。神経細胞体から樹状突起や軸索が伸びて、他の神経細胞との間に「シナプス」という連結部を作るようになります。細胞体が興奮すると、神経インパルスが軸索内を伝わり、シ

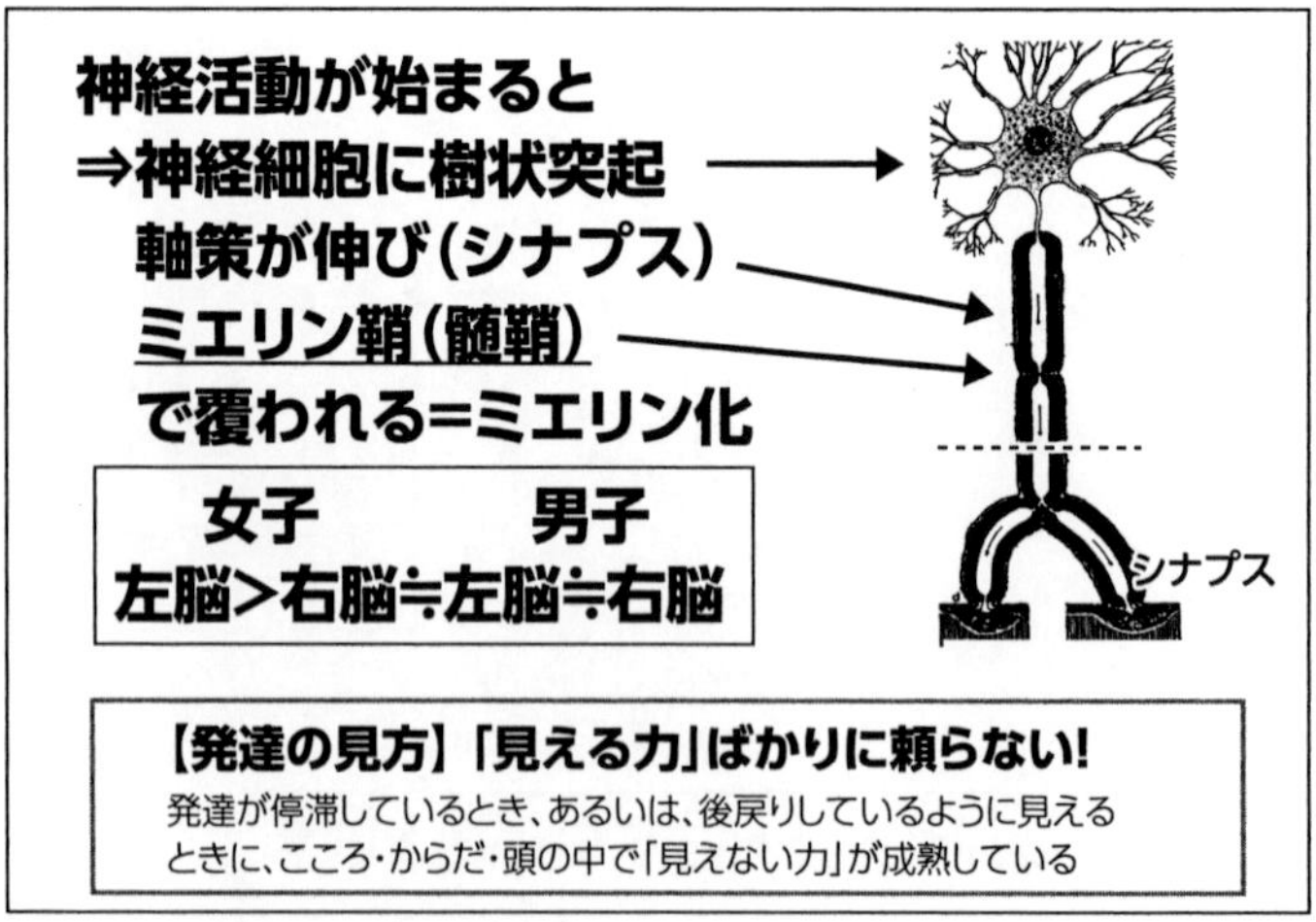
神経活動が始まると
⇒神経細胞に樹状突起
軸策が伸び（シナプス）
ミエリン鞘（髄鞘）
で覆われる＝ミエリン化
女子　男子
左脳＞右脳≒左脳≒右脳
シナプス
【発達の見方】「見える力」ばかりに頼らない！
発達が停滞しているとき、あるいは、後戻りしているように見える
ときに、こころ・からだ・頭の中で「見えない力」が成熟している

図1－5　誕生時の大脳成熟の性差（Geschwind,N. & Galaburda,A.M., 1984）

ナプスを介して別の神経細胞を興奮させます。次第に、軸索の周りはミエリン鞘（脂質の膜で髄鞘とも呼ばれる）によっておおわれ、髄鞘化されるようになります。大脳のどの部位が髄鞘化されるかを調べれば、どの部位がどんな働きを担っているかを推測することができます。ゲシュビントとガラバルダ（Geschwind,N & Galaburda,A.M., 1984）は、不幸にして出生直後に亡くなった赤ちゃんの脳を解剖して髄鞘化の程度を調べたところ、女児の左脳は右脳に比べて髄鞘化された神経細胞が多く、男児は女児に比べて成熟の程度が低いことを発見しました。

この左脳と右脳とをつなぎ、連絡し制御している連結部分は「脳梁《のうりょう》」と呼ばれますが、女性の方が太いことが知られています。誕生直後の女児は大脳の成熟度が高く、特に言語をつかさどる左脳の成熟度が高いとされます。一方、男児は全体的に脳が未成熟で左脳と右脳の成熟度に違いが見られません。

なぜ男児の脳は女児に比べて脳の成熟が遅れるのでしょうか？　男児の発達がゆっくりなのには、生物学的な理由があるということがわかってきました。受胎後18週目ごろから、将来男の子になる受精卵には、男性ホルモン（テストステロン）が分泌され、男の子になるための準備が行われます。つまり将来、男性としてのからだつき——陰茎の形成や筋肉・骨などの組織の形成——になるような準備が始まります。この準備期間には成長ホルモンが抑制されるため、男児は女児に比べて脳もからだの成長もゆっくり進むのです。一方、女の子になる受精卵では、成長ホルモンが抑制されないため、お母さんのおなかの中で脳もからだも順調に成長していくのです。

表1－1に乳幼児期から児童期にかけての発達過程・発達原理をまとめておきましょう。

第1に、階段を上るように順序よく進む領域があります。運動発達や言語発達、特に文法の発達は順序が決まっています。ハイハイしてからつかまり立ちへ、そして歩行できるようになります。順序は決まっていますが、階段の幅は子どもによって違います。1歳になって1語文を話すようになり、1歳の終わりには助詞がついた2語文や3語文を話せるようになるような、階段の幅が狭い子どももいます。その一方で、3歳までは何もしゃべらなかったのに、4歳になって急

表1－1　乳幼児～児童期の発達過程＆発達原理

第1. 階段を上るように順序よく進む
(運動発達や言語<文法>発達など、しかしまれ!)

第2. 行きつ戻りつ、スパイラル（螺旋状）に進む

第3. 行動の上では、「戻る」あるいは「停滞する」ように見えるところで、こころ・あたま・からだの中で、見えない力が育っている。

におしゃべりになったと感じられる、ゆっくり進んでいく子どももいるのです。この子どもたちの成長の階段の幅は広いのですね。

第2に、ほとんどの領域は、行きつ戻りつ、スパイラル（螺旋《らせん》のよう）に進んでいきます。

第3に、行動の上では、「戻る」あるいは「停滞している」ように見えるところでも、こころ・あたま・からだの中では、「見えない力」が育っているのです。ですから、発達がゆっくりのお子さんを目の前にしても悲観なさる必要はありません。今、大事な力が育っているのだと考えて、「待つ」「見きわめる」「急がない」、そして「急がせない」でお子さんの成長を見守ってあげてください。

また、男児は遺伝病にかかりやすく、さまざまな要因で引き起こされる環境ストレスにも弱いのです。女性を100としたときの男性の生存率（**表1－2**）から見ると、男性は傷つきやすく、環境ストレスへの耐性も低いという特徴がわかります。受精時には男児120ですが、おなかの中にいるときにお母さんが転んで流産してしまったり、遺伝病にかかって流産したりと、男児の受精卵は傷つきやすく、誕生時には106と減ってしまいます。病気にかかると男児の方が熱も高く、症状も重くなりやすいという特徴もあります。18歳で男女が同じ割合になりますが、その後も男性は減り続け、100歳の段階では女性5人に対して男性1人ということになります。女性の方が長生きなのが表から見てとれます。

ただし、女性は認知症にかかり寝たきりになって長生きしている人も少なくないのです。40代の終わりから50代にかけて、そろそろ閉経を迎え、更年期に入ります。女性ホルモンの分泌が不安定になり、お肌のツヤがなくなりシワも出てきます。ホットフラッシュで暑くなくても汗が出たり、うつ症状になったりする人もいます。体内では、骨にカルシウムが沈着しにくくなり、骨粗鬆症《こつそしょうしょう》の予備軍がつくられていくのです。見えない力、骨の力を弱めてしまうと、高齢になったとき、ちょっとした段差につまずいて転倒骨折してしまい、寝たきりになって認知症にかかる

表1－2　生存率からみた被損傷性（vulnerability）

（Mckusick, 1975；Rutter, 1979）

男児は遺伝病に罹り易く、環境ストレスに弱い⇒女児の方がストレス耐性が高い

年齢	男性: 女性
妊娠	120 : 100
誕生	106 : 100
18歳	100 : 100
50歳	95 : 100
67歳	70 : 100
87歳	50 : 100
100歳	21 : 100

Cerebral dominance : The biological foundations.　Mass : Harvard Univ. Press.

高齢女性が多くなります。元気で生き生き高齢期を過ごすためには、元気な40代のころから、豆類、海藻類、小骨の多い魚などを食べ、運動をして、睡眠もしっかりとるなど、丈夫な骨をつくっておくことを心がけたいものです。

以上から、生涯を通して、女性は男性よりも環境ストレスに耐えて生きる力が大きいことがわかります。産む性である女性が丈夫で長持ちするのは、種の保存という観点からも合理的なのかもしれません。

お母さんたちの実感からも、女児に比べて男児の方が育てにくいともいわれます。女の子は3歳になれば、小さなレディで、お母さんを手伝ってくれる頼もしい女友達ですが、男の子は甘えん坊で泣き虫が多いです。病気にかかるとなかなか治りません。いつまでもお母さんに抱っこしてほしいと思っています。このような男児と女児の違いは、脳の成熟の性差を反映しているのだということをご理解いただきたいと思います。

他の子どもに比べて発達がゆっくりしている、なかなかおしゃべりできない、ひらがなに興味がない、など、お母さんは子どもの「見える力」だけを手掛かりにしてわが子の発達を推しはかろうとします。しかし、発達が足踏み状態にあるとき、後戻りしているように見えるときに、こころ・あたま・からだの中で「見えない力」が成長しているのです。わが子が「遅れている」と焦らないでください。待つ、見きわめる、急がない、急がせないで、わが子の歩みに寄り添ってあげてください。

子どもの個性を大切に――みんなちがってみんないい

「おぎゃあ」とこの世に生まれたときは泣いてばかりで、どの赤ちゃんも同じように感じるかもしれませんが、その内側ではしっかりと個性が育まれています。

たとえば図鑑型の男の子は、外でみんなとヒーローものの遊びをするより、家で積み木遊びをしたり、自動車が載っている絵本を繰り返し読んだりするのが好きかもしれません。物語型の女の子はごっこ遊びが大好きで、クモの巣を見ても「見て、天使が踊ってるの」と想像の世界に入っていくでしょう。

子育ては一人ひとり違うから面白いのです。みんながみんな、本や雑誌に書いてある通りのことしかしない子どもばかりなら、無味乾燥な子育てになってしまうでしょう。

図鑑型の子どもは、友達よりもおもちゃなどの「もの」に興味があり、友達との関わりが苦手なタイプです。一方、物語型の子どもは友達と関わるのが上手なタイプで、すぐに友達ができます。

親としては、後者の方であってほしいと思うかもしれません。ですが、なかなか友達に関われない図鑑型の子どもに対して「ほら、みんな遊んでいるよ」と手を引っぱって仲間に入れようとすれば、子どもは嫌がって泣き出すでしょう。無理強いすると、子どもはますますほかの子どもに関わろうとしなくなってしまいます。

図鑑型の子どもは繊細で内気な傾向があるので、外ではなかなか自分の気持ちを伝えられないかもしれません。そういうときは、お母さんが上手にサポートしてあげましょう。

最初はみんなと離れて砂遊びをしていたり、一人でおもちゃで遊んでいたりしても、そのまま見守っていましょう。友達が興味をもって近寄ってきたときに、「いっしょに遊ぼうね」と声をかけてあげると、少しずつ近寄り、一緒に遊び始めるかもしれません。

もし、ほかの子どもの遊んでいる様子をじっと見つめていたら、「あのスコップいいね」と子どもの気持ちをくみ、お母さんがみんなの輪の中に入って「それ貸してもらっていい？」と声をかけるなど、お手本を見せてあげるといいでしょう。スコップやバケツなどのおもちゃを用意していって、そのおもちゃを介して遊ぶきっかけをつくるのも一つの方法です。

徐々に友達がいる環境に慣れてきたら、子どもは家にいるときと同じように振る舞えるようになるでしょう。

大人でも、大勢の友人とにぎやかに食事をするのが好きな人もいれば、一人で読書をするのが好きな人もいます。自分なりの人とのつき合い方を自然と身に付けていくものではないでしょうか。

また、大人になるにつれ、図鑑型と物語型の区別は明確でなくなります。いろいろな人と関わる中で、自分の気持ちをコントロールすることができるようになるためです。やがてバランスよく両方を兼ね備えるようになるので、図鑑型の人でも上手に人の輪に溶け込めるようになります。子どものころはおとなしくても、大人になると活発で活動的になる人も大勢います。

小さいうちは友達と遊ぶのを嫌がったとしても焦らず、お母さんは子どもの「サポーター」になってあげてください。ちなみに、アイボを見て怖がった物語型の子も、お母さんが「大丈夫よ」「ワンちゃんかわいいわね。カワイイカワイイしてみて」とにっこりすれば、安心してアイボに触ることができました。親は子どもを次のステップへと導く橋渡しをしてあげているのですね。

子どもは一人ひとりみんな違います。どの子も得意なこともあれば、ちょっと苦手なことも不得意なこともあるものです。朝日新聞の「折々のことば」というコラムを担当されている大阪大学元総長であり、哲学者の鷲田清一さんが、反貧困の社会活動家・東京大学特任教授の湯浅誠さんのことばを紹介しておられます。

「ない」ものではなく「ある」ものに注目する、「できない」ことではなく「できる」ことに注目する

湯浅誠

苦境を打開する何かを「外から引っ張ってくる」……。そんな発想では地域の活性化はできないと、「反貧困」の社会活動家は言う。ここに潜在してあるのにその可能性を十分開花させていないものを見つけ、それに形を与えることから始めよと。人の支援も教育もきっと同じ。『ヒーローを待っていても世界は変わらない』（文庫版）から。

【鷲田清一　朝日新聞2018・1・28「折々のことば」より　傍線筆者】

発達の進んだ子どもに比べて、わが子を「これもできない」「あれもダメ」と減点主義（赤字評価主義）でけなすのではなく、お子さんのよい点を認め、褒《ほ》めて伸ばしてあげてください。加点主義（黒字評価主義）で子どもを肯定的に見ていただきたいと思います。

有名な金子みすゞさんの詩をご覧ください。

わたしと小鳥と鈴と

わたしが両手をひろげても、
お空はちっとも飛べないが、
飛べる小鳥はわたしのように、
地面をはやくは走れない。
わたしがからだをゆすっても、
きれいな音は出ないけど、
あの鳴る鈴はわたしのように、
たくさんなうたは知らないよ。
鈴と、小鳥と、それからわたし、
みんなちがって、みんないい。

詩人　金子みすゞ

この詩にあるように、「みんなちがって、みんないい」のです。お子さんのよいところを大事に伸ばしてあげましょう。

ミホコさんへ

ご子息はとても繊細で慎重な性格、どちらかと言えば「内弁慶」なのですね。長男ということで大事に大事に育ててこられたのでしょう。思い通りにならないと泣いてしまう、幼児期や小学校低学年の男の子にはよくあります。2年生ということですから、何が気に入らないかをお友達に説明できるとよいですね。いつも泣いていると、「あいつは泣き虫」「弱虫」などと仲間はずれにされてしまうかもしれません。そろそろ対策をとる時期ですね。

ではどうしたらよいでしょうか？

まず、担任の先生が素晴らしい方のようで、本当によかったと思います。担任の先生としっかり連絡をとり、また、ご夫君とも協力して、三人でご子息に寄り添ってあげてください。ご両親が担任の先生によくお願いして、三人とも、ご子息の感情のコントロールの仕方（自己調整能力）の成長を促すような関わり方をしてください。学校と家庭で同じ方針でことばをかけてあげていただきたいと思います、

学校では、ご子息が今までよりも進歩したと感じられたとき

①　泣く時間が短くなった

② 泣くのを途中でやめた
③ 泣くのをこらえた
④ がまんすることができた
⑤ お友達に自分の思いを伝えることができた…など

「泣かずにがんばれたね」「がまんできたね」「お友達に説明できたね」など、「3H（ほめる・はげます・ひろげる）のことば」をかけていただくよう、担任の先生にお願いしてください。ご家庭でも、ご子息に3Hのことばをかけるようにしてください。

3Hのことばかけのうち、「ひろげる」ことばかけはちょっと思いつかないかもしれません。「ひろげる」は子ども自身の考えや見方を広げてあげることばかけを指しています。いくつか例をお示ししましょう。学校で困った問題が起こったときには、

① お友達にはっきり説明すること
② 学校にはいろんな考えのお友達がいること
③ お友達の気持ちも理解してあげること
④ 自分の気持ちを泣くというやり方で表現しても問題は解決しないこと
⑤ 自分の考えや思いを相手にことばで説明すること

状況に応じて「ひろげる」ことばかけをしてあげてください。

ご子息は、家庭という大人に守られていた生活から、学校という社会に入り、びっくりするような環境変化に戸惑い、不安がいっぱいの状況なのでしょう。親もすぐに助けてあげることはできないし、学校の先生だってすぐに助けてあげられるわけではないのです。子どもたち一人ひとりの思いを受け止めて、どの子も落ち着いて楽習＊（学習⇒楽習）に取り組めるよう導いてくださるはずです。

小学校で、学ぶ楽しさやお友達との遊びの楽しさがわかれば、ご子息の不安や環境激変のストレスが、次第に低減されると思います。ミホコさん一人が思い悩むのではなく、ご夫婦で心を一つに、ご子息に常に寄り添い、守ってあげるという姿勢を示し続けてくださいね。

いかがでしょうか？　また、問題が起こったらご連絡くださいね。

＊「学習」と「楽習」の区別について

「学習」は、人から課題を与えられた場合と、自ら進んで探究活動に取り組む場合の両方が含まれます。本書では、自ら進んで探究する場合を「楽習」と呼んでいます。学び手が自ら進んで探究するときには、こころ・あたま・からだが活性化され、豊かな学びが達成されます。楽しく探究しているときには新たな気づきや発見もなされやすくなります。そこで探究することが楽しくなります。楽習によって達成感や自尊心が高まります。新たな課題解決に取り組もうという挑戦力もわいてきます。

2章 認知革命

ウェッブ子育て相談室に寄せられたメールから始めましょう。

ハルナさんのご相談

ノブコ先生

3歳の娘（ハナ）と5歳の息子（ユウキ）のことでご相談します。

3歳の娘は自己主張が強く、何事につけても、お兄ちゃんと張り合います。娘も兄の通う幼稚園に通い始めたのですが、幼稚園から帰ると息子が幼稚園であった出来事やつくった工作を見せながら、いろいろ話してくれます。私が「わあよかったね」「素敵な工作つくったのね」などと言うのを聞くと、妹は面白くないような様子で、「それ知ってるよ」とか「それハナちゃんもつくったよ」と会話に割り込んできます。兄の方は、妹にゆずってしまいますが、ときにはたまりかねて、「ハナちゃんウソついてるよ。だってやまのくみで起こったことだから、3さいのはやしのくみにいたハナちゃんは見ていないんじゃない？」とやんわり言うと、娘はどこまでも「見たよ」「知ってるよ」と主張するのです。兄と妹仲良く過ごさせてやりたいのですが、母親の私は、こんなときにどのように接したらよいでしょうか？　アドバイスをいただけるとうれしいです。

（東京都在住、ハルナさん）

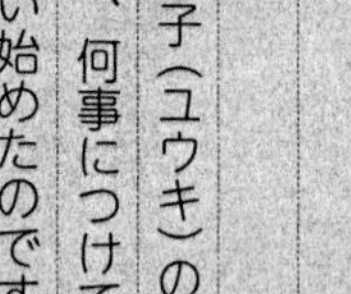

さてこのご相談にどう答えるかを考えてみます。おとなしいお兄ちゃんユウキくんと負けず嫌いでおしゃまな妹のハナちゃんの様子が伝わってきます。お兄ちゃんも、つい、がまんできなくなって「ハナちゃんウソついてるよ。3さいのはやしのくみにいたハナちゃんは見ていなかったんじゃない？」と根拠をあげてハナちゃんを諭しています。さておとなしい兄と負けず嫌いのおしゃまな妹を仲良く過ごさせてやるにはどうしたらよいでしょうか？

アドバイスの前に二人のきょうだいの行動の違いがどこからくるか考えてみましょう。

第一次認知革命――イメージが誕生する

生後10カ月ごろにイメージが誕生します。イメージとは、心の中になんらかの像を思い浮かべることを指しています。これを境にして赤ちゃんは世界への関わり方を根こそぎ変えます。目に見える世界だけでなく、頭の中にイメージを浮かべながら世界と関わるようになります。遊び方もこの頃から変化します。目に見えないものを思い浮かべて遊ぶ見立て遊びやごっこ遊びが見られるようになります。

積み木を車に見立てて、「ブーブー」「ウーウー」などのことばをつぶやきながら、じゅうたんの端っこに沿って滑らせたり、丸いお盆を回すように動かし、「ブーブー」と言ったりしながら遊ぶこともあります。こんな遊びをしている赤ちゃんの頭の中をのぞいてみると？……頭の中には車のイメージが浮かんでいるのです。丸いお盆を回しているときは、パパの運転中のハンドル操作を思い出しているのかもしれません。このように「見立て遊び」や過去に体験したものを思い出してまねする「延滞模倣」をしているのでしょう。積み木や丸いお盆は、車やハンドルを思い浮かべる小道具にすぎません。積み木や丸いお盆を動かしてはいても、赤ちゃんは積み木や丸いお盆を見ているのではなく、積み木から連想される車のイメージを思い浮かべ、お盆を動かしながら、車を運転しているつもりになっているのです。

生後10カ月ごろに始まる認知発達の劇的な変化を、私は「第一次認知革命」と呼んでいます（内田、

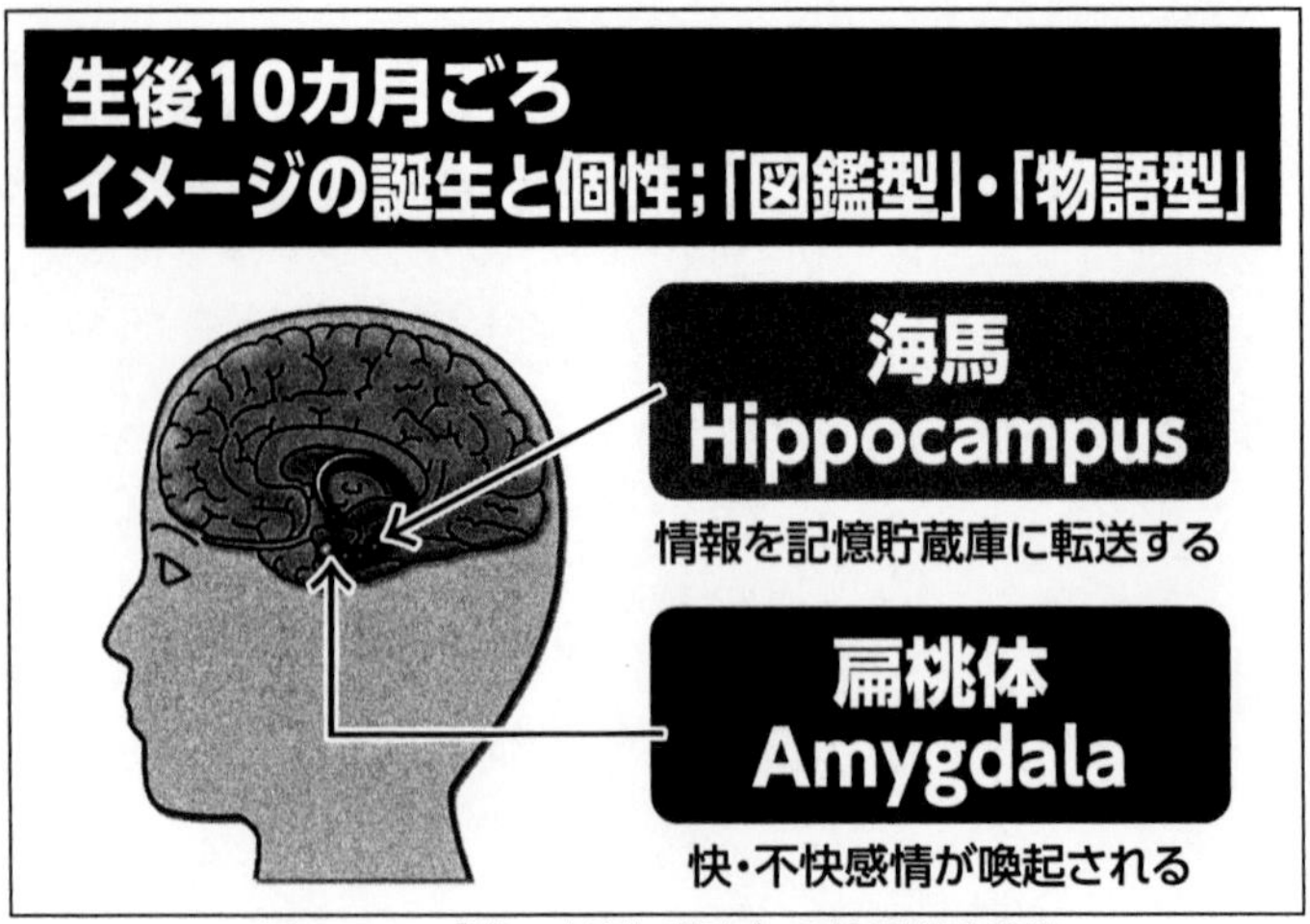

図2－1　「第一次認知革命」の神経学的基盤

２０１７a）。大脳の働き方が変化することにより第一次認知革命が起こるのです。この時期の大脳の働き方の変化で大きいのは、大脳辺縁系《へんえんけい》の「海馬」と「扁桃体」（**図２−１**）がネットワーク化され連携協働するようになることです。「海馬」は記憶をつかさどっている領野で、体験の記憶を記憶貯蔵庫に知識として蓄える働きをしています。また、「扁桃体」は快感情や不快感情が呼び覚まされ、好き嫌いの感情がわき上がる部位です。環境に変化が起こると、海馬が刺激され、この変化に関連した体験の記憶が呼び起こされます。

大人の皆さまも経験があるかもしれませんが、叱られながらイヤイヤやった勉強は身に付きませんよね。なぜそうなるのかというと、扁桃体が不快感でいっぱいで、海馬の働きが抑えられてしまうからです。赤ちゃんがうれしそうに笑っているときや、真剣に何かを見つめているときには、扁桃体が快感情で満たされているので、海馬の働きが活性化されどんどん体験の記憶がからだに刻み込まれまれていきます。

10カ月以前は、目の前から物が見えなくなると「なくなった」と物の存在を忘れてしまいますが、10カ月ごろからは、いつでもイメージを呼び出すことができるため、〝物は目の前からなくなっても存在し続けている〟という「物理認識」が始まります。心理学ではこれを「事物同一性の認識」と呼んでいます。

10カ月ごろの乳児をあやすとき、大人はよく「イナイイナイバー」遊びをしますね。母親が「イナイイナイ」と隠れても、赤ちゃんは頭の中に母親の顔のイメージを描くことができるので、母親の顔がきっとまた現れるだろうと予測して、母親の顔が現れるのを「息をつめて（緊張して）」待っています。

乳児が予測した通りに、「バー」のかけ声とともに母親の顔が現れると、赤ちゃんの緊張は一気にゆるみ、笑い声をたてます。「バー」のタイミングをさまざまに変えると笑い声はいっそう大きくなるでしょう。タイミングのずれは、赤ちゃんの緊張時間を延ばしたり縮めたりするのにとても効果的なのです（内田、2017b）。

「イヤイヤ」は最初の自己アピール

1歳の終わりごろから2歳代にかけては、「魔の2歳児」と呼ばれることがあります。子どもの「イヤイヤ」が強まる時期です。親であれば必ず直面する、このイヤイヤ期。ごはんでイヤイヤ、お着替えでイヤイヤ、公園でイヤイヤ、お店でイヤイヤ……朝から晩までイヤイヤの大合唱。何を嫌がっているのかわからないことが大半なので、親は振り回されてうんざり、ついイライラしてしまいがちです。

実は、最初の反抗期ともいえるこの「イヤイヤ」は、子ども自身が「自分」という存在を意識し始めたサインで、子どもの成長にとって、とても重要な意味をもつものです。

自分の力で靴を履きたかったのに、お姉ちゃんが手を出してしまった（もちろん、お姉ちゃんの振る舞いは、「お姉さん」として立派なものですが）、大きいまま食べたかったウインナーをパパが小さくしてしまった……。イヤイヤの理由は、大人からすれば、とても些細なものであることも多いのですが、まだ経験も少なく、ごく狭い限られた世界に生きている子どもにとって、ウインナーの大きさが自分が思っていたのと違ってしまったことは大事件なのです。

「イヤイヤ」は子どもの「自分はこうしたい」という自分アピールのメッセージなのです。ことばは上手に使えなくても、「ぼく・わたしを認めてほしい」という気持ちを子どもはもっていて、それを「イヤイヤ」で伝えようとしているのです。まだまだ親や周りの人の手助けがなければ日常生活ひとつをとってもままなりませんが、言いなりになるのではなく、お子さんが何をしたいのかをよくくみ取ってあげてください。これはお子さんが自分の意思をもち始めた、大きな、大きな一歩なのですから。

実はこのとき子どもは、イヤイヤに対するお母さんの反応から、お母さんとの新しい関係やコミュニケーションを楽しんでいることもあります。身近な存在であるお母さんとの関係から、自分と世界の関わりを知って、つながりを築こうとしているのです。

イヤイヤに対してお母さんが感情的になってしまったり、適当にあしらったりするのはあまりよくありません。一歩ひいて客観的に観察して、「やりたいようにやってみて」と子どもに任せることができればベストです。

時間がない中でイヤイヤをされると母親は気持ちの余裕を失いがちですが、この時期の体験は、子どもが大きくなったときに、間違いなくほほ笑ましい思い出になります。「イヤイヤ」が始まったら、カリカリせず、「今だけだわ」「この子は何がイヤなんだろう」「自分をアピールできるようになったのね」……とゆったり構えて、子どもとのコミュニケーションを楽しむ気持ちを忘れないようにしたいものです。

第二次認知革命――5歳半ごろ

幼児期の終わりに「第二次認知革命」が起こります。情報処理全体を統括する部位、つまり、大脳前頭葉《ぜんとうよう》の「ブローカ野*」が、大脳辺縁系の「海馬」や「扁桃体」とネットワーク化され、それぞれの部位が連携して働くようになります。

ブローカ野（ワーキングメモリー）が働き始めると、未来を意識してプランを立てる「プラン能力」や、自分の行為を振り返り、反省したりする「メタ認知能力」が働き始めます。また過去にさかのぼって出来事の原因を推測する「可逆的操作」が使えるようになります（3章で詳しく説明します）。そうなると、子どもの遊び方が変わってきます。ルールのある遊びやゲームも楽しめるようになるのです。

*「ブローカ野」は発語運動をプログラミングする部位で発語を実行する部位です。目の前の情報を調整する働きをしていますので、「ワーキングメモリー」と呼ばれることがあります。5歳後半ごろから、前頭連合野と大脳辺縁系が神経回路網を形成し、感情や記憶をコントロールするようになります。

男の子と女の子の違い

ご相談のごきょうだいの普段の生活についてお母さまから伺ったことをご紹介しましょう。ユウキくんは恥ずかしがり屋でおとなしいお子さんです。しかし、妹のハナちゃんは、おしゃまで社交的。負けず嫌いでお兄ちゃんに張り合っています。

ある朝、近所の酒店の店員さんが、水のペットボトル10本とパパのビールを届けに来てくれたときのことです。玄関のチャイムがなって「はい、どちらさまですか？」とママ。「格安酒店です。ご注文のビールとお水をお届けに参りました」と宅配担当の顔なじみの店員さん。ママは玄関のドアを開けて、「ごくろうさま」と伝票を受け取り、印鑑を押し、水やビールを受け取りました。

ママについていったハナちゃんも、店員さんに「お水届けてくれてありがとう」とお礼を言いました。すると店員さんはうれしそうに、「はい、いつもありがとうございます」とあいさつしてくれました。

ところが、ユウキくんは、離れたところからこの様子をそっとうかがっていました。店員さんがユウキくんに気づいて「ユウキくん、おはよう」と声をかけました。すると、ユウキくんは恥ずかしそうに、「オハヨ」ともごもご口ごもり、慌てて居間のほうへ逃げていってしまいました。

このように、男の子には恥ずかしがり屋さんが多いようです。一方、女の子は、おしゃまで社交的な子が多いですね。男の子、女の子のこのような違いはどこから生まれるのでしょうか。

1章で述べたように、男の子と女の子では「脳」の発達の速度が違います。ことばをつかさどる脳、「左脳」の発達は男の子より女の子の方が早く、女の子は早い段階で「こんにちは」「ありがとう」と言えるようになるので、しっかりしているように見えるのです。

男の子は左脳と右脳がほぼ同じ程度に発達するので、女の子の左脳の発達速度と比べるとやや遅れています。そのため、男の子はとかく言いたいことが言えないので、黙って遊んでいたり、「ご挨拶は?」と言われても、もごもごと口ごもったりするのです。このときに「しっかりしなさい」とことばをかけると、男の子は追いつめられたように感じて、ますます自信をなくしてしまいます。子どもの不得意なことを取り上げて非難したり叱ったりするのではなく、もごもごと何か言ったら、「ご挨拶できたわね」と認めてあげ、自信をもたせてあげてください。

1章でも取り上げたように、女性は、左脳と右脳とをつなぐ脳梁という部分が男性よりも太いので、左右の脳を使って話をするともいわれています。このため、女性は感じたことをスムーズにことばにできるのです。男性に口下手が多いのは、脳の発達の性差に関係しているのかもしれません。

いずれにしても、「男の子はこうあるべき」「女の子はこうあるべき」という固定概念にしばられず、長い目で子どもの成長を見守ってほしいと思います。

家庭でも保育園や幼稚園でも、親や保育者が、子どもを統制する手段として、必要以上に男の子・女の子を区別する言い方をしているのを見ることがあります。「まず男の子、お先にどうぞ。次は女の子ね」「今日は男の子がマルでした。女の子ももっとがんばらないとね」などのことばかけをしていることがあります。このようなことばかけには、男女を不必要に区別し競わせようとする態度が表れているように思います。また、褒めことばや禁止、励ましのことばを性別によって変えていることにも気づくことがあります。「男の子だから泣かないの」「女の子なんだから足を開かない」「そういう言い方はかわいくないわね」「女の子なんだからお顔に傷がついたらたいへんよ、お嫁さんのもらい手がなくなるかもしれないから」など、保育園や家庭で、知らず知らずのうちにジェンダー格差（社会的につくられた性差）が内面化される土壌になっているようです。性別によって異なる対応をすることについて「教育上必要」と考える保育者は少ない（池田、２０１５）のですが、家庭や保育園などで習慣化され、無自覚に取り込まれていることが多いのは少し問題だと思っています。

恥ずかしがり屋の4歳児

子どもは常に同じスピードで成長するわけではありません。行きつ戻りつを繰り返し、成長、発達していきます。3歳になって自己主張もはっきりするようになり、一人で考えて行動できるようになったかと思えば、4歳になると周りの視線を気にしたり、恥ずかしがったりするようになります。それまで活発に見えた子どもが急に引っ込み思案になったようで、心配になるかもしれませんが、これも成長していることの証しなのですから、大きな目で見守っていただきたいと思います。

私が保育園や幼稚園で子どもと面接しようとすると、3歳児ははっきりと「いいよ」「いや」と自己主張し、5歳児は「行ってあげてもいいよ」とこちらの気持ちをくんでくれます。4歳児に「いっしょにゲームしましょ」などと誘うと、「する」とも「しない」とも言わずモジモジしています。そこで実験室に連れて行くと泣き出したりします。4歳児は恥ずかしがり屋さんなのですね。

恥ずかしがり屋の4歳児は、人前で何かを試したり、失敗したりするのを嫌がり少し慎重になります。「ほら、みんなも縄跳びやってるでしょ? やってみなさい」というように無理強いするのは禁物です。失敗を恐れるあまり、ますます引っ込み思案になってしまうかもしれません。

子どもがやってみたいと思うまで待っていれば、自分でこっそり練習して、納得がいったところで見せてくれるでしょう。そのときがくるまで、待つことです。決心して来てくれたら「○○くんとゲームできてうれしいな」とことばをかけてあげます。やり終えたら「がんばったね」「よくできたね」「上手にできたね」などと、子どもの努力を認めることばをかけて褒めてあげましょう。このようなことばをかけられると、子どもは達成感や、やり遂げた喜びを再確認するでしょう。進歩したことを認められると、自信や達成感をもつことができるはずです。褒められて育った子どもは自尊心が高く、他者にも優しくしてあげられるようになるでしょう。

物事のルールがわかる5歳

子どもがコップを割ってしまったとき、大人は、つい「さわっちゃダメって言ったのに、どうしてさわったの」と問いただしてしまいがちです。問い詰められると、子どもは追い詰められて、思考停止状態になり固まってしまいます。「まったくもう！」と大人がカリカリしながらコップのカケラの後始末をしていれば、子どもは余計に辛くなってしまうでしょう。子どももコップを割ることは「いけないこと」と自覚しており、それでも失敗をしてしまったのですから。起こってしまったことはもう取り返しがつかないのです。起こってしまったことに対してアレコレ文句を言うのはルール違反です。こういうときはまず「大丈夫だった？　ケガしなかった？」と子どもの身を案じてあげましょう。その後で落ち着いて話すようにすれば、子どもも素直に耳を傾け、次からはコップを割らないように気をつけようと思えるはずです。

理由を聞かれて「ジュースが飲みたかったから」などと自分のしたことの理由を話せるよう

になるのは、5歳半ぐらいからです。5歳になると物事の整理ができ、ルールがわかってくるので、理由を考える力がついてきます。「ボク最初は大丈夫だと思ったの。でも手が滑ってコップ割れちゃった」などと失敗した原因をきちんと説明できるはずです。

失敗したときに子どもに考えさせるのは、確かに大切です。けれども、理由を考えられない時期に無理に考えさせようとすると、子どもにはプレッシャーになり萎縮してしまいます。年齢によってできること・できないことがあるので、大人の視点からはふがいないと思えても、「この年齢ではまだ無理ね」とか、「この子は発達がゆっくりだからまだ難しいかな」などとお子さんの視点に立って判断していただきたいと思います。幼いうちにあまり多くのことを求めないようにしましょう。

「忘れん坊」は脳のネットワークが成長中

友達と遊ぶ約束をしていたのにコロッと忘れたり、遊びに行っておもちゃを忘れて帰ってきたり、意外にも子どもは「忘れん坊」です。子どもはいつごろからきちんと記憶できるようになるのでしょうか。

人間の「記憶する」という機能は、0歳のときから始まっていることが確かめられています。

記憶の発達は脳の記憶をつかさどる「海馬」と呼ばれる大脳辺縁系の神経細胞のネットワークがつくられることによって支えられています。「エピソード記憶」は特定の時間や場所に結びついた記憶です。この記憶が発達するのは生後10カ月ごろからです。

人間の脳は生まれたときから完全な状態ではなく、5歳半ごろには、前頭連合野《ぜんとうれんごうや》のワーキングメモリーと海馬のネットワークができあがります。忘れっぽい子どもは、まだ脳のネットワーク機能が十分にできあがっていないので、記憶をうまく取り出せないだけなのです。

脳のネットワークは、使えば使うほどその部分のつながりが強くなるといわれています。記憶を取り出すのも同じです。大人が何でも先に言ってしまうと子どもの脳は発達しません。なるべく子どもが自分で考えて答えを見つけられるように導いてあげましょう。子どもがつまずいているとき、困ってしまい先に進めないときには、親は後ろから押したり、前からひっぱってあげたりしないでくださいね。

子どものわき、少し後ろから見守り、時に応じて足場をかけてあげてください。

足場かけというのは、建物の修繕などのときに建物の周りに建設する足場からきています。旧ソビエトの心理学者、ヴィゴツキーが使ったことばです。ヴィゴツキーは、足場かけについて次のように言っています。

大人は足場をかけて子どもの見通しをよくしてあげることはできる。しかし大人ができるのはそこまでである。大人が子どものためにかけてあげた足場に登るか、足場を使ってどんな作業をするかを決める主人公は子ども自身なのだ。

〔ヴィゴツキー（1932）〕

「ひとりごと」で「心のことば」が育つ

ひとりごとは、3歳ごろからあらわれ、4歳ごろから多くなります。親御さんの中には「うちの子、何か病気なの？」と悩んでしまう人もいるようですが、その心配はいりません。

一人で遊んでいるときの子どもの様子をご覧ください。遊びに夢中になっているとき、子どもが何かブツブツとつぶやいていることがあります。そのつぶやきに耳を傾けてみてください。「これはこっちに置いて、これはどこにしよう」とおもちゃの配置を替えたり、クレヨンで絵を描いているときに「赤がないなあ、じゃあ、紫と茶色をまぜてみようかな」などとつぶやいたりしているのに気づかれるでしょう。遊んでいる最中に子どもがつぶやくのは、声に出して考えていることの証拠です。声を出したほうがうまく考えをまとめられるからです。

子どもはひとりごとを言うことで自分自身に質問し、答えています。やがてことばを発しなくても心の中で自問自答できるようになります。ひとりごとは、心の中でことばを使って思考するようになるまでのプロセスのひとつなのです。もしこの内なることばが育たなければ、子どもは何かを想像することも、記憶することもできないでしょう。

文字を書くようになっても、最初のうちは「ここをまっすぐ」という具合に声を出しながらでないと書けない子どももいます。また、「あ」と言ってから〝あ〟を書くというように、一字ずつ声に出して唱えながら文字を書くこともあります。ことばが手の動きを助けているのですね。ひとりごとは3歳以降に集団生活をするようになるとさらに増え、7、8歳になると急速に減っていきます。

ひとりごとを言いながら、自分の想像世界に集中しているときは、大人は、「なにしてんの?」「赤ここにあるじゃない」などと、無理に入り込まずにそのままにしておきましょう。このとき、心の中でどんどんことばが育っているはずです。また、考える力も育っているのですから。

子育てで何より大切なのは、「待つ」ことです。急がず慌てず、子どもの育ちの自然なプロセスを見守り、待ってあげることが大事ではないかと思います。

第三次認知革命——9～10歳ごろ

いよいよ小学生になると、学校での学習が始まります。小学校の低学年のうちは、幼児期の延長のような生活をしていますが、小学校の3、4年になると学校の学習も難しくなり始め、この時期から「第三次認知革命」が始まります。

第三次認知革命では、大脳の働きの全体を統括する大脳前頭葉の前頭連合野にシナプスがつくられます。前頭連合野では、意志や判断、情緒や倫理意識など、人間としての高次な心理機能を担っています。この部位の成長により人間性がぐんと育ちますので、第三次認知革命を機に始まる青年前期（9～10歳ごろ）から青年後期（25歳ごろ）は、人間としての「第二の誕生」とも呼べるでしょう。

生後10カ月ごろの「第一次認知革命」、幼児期

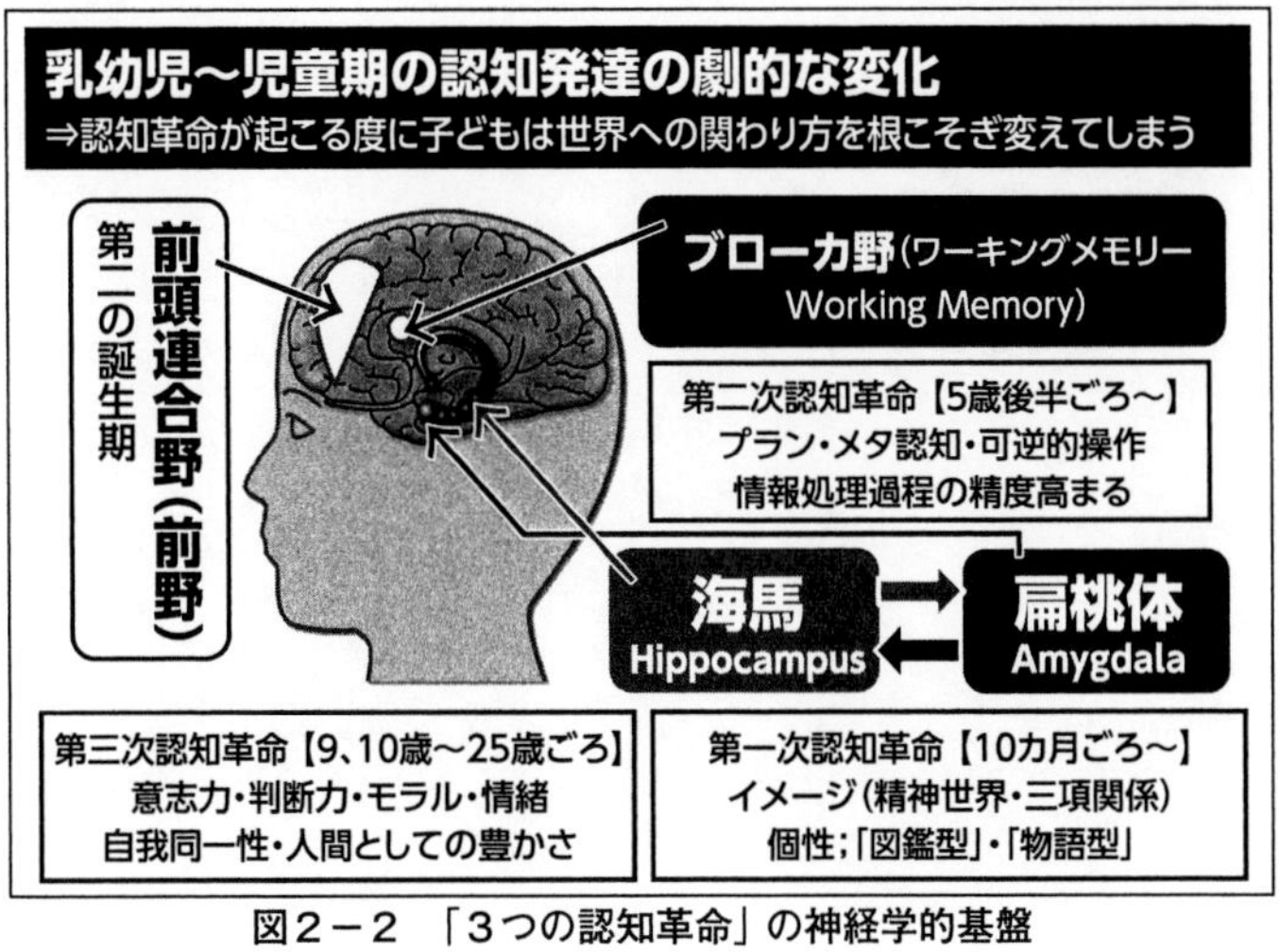

図２－２　「３つの認知革命」の神経学的基盤

の終わり、5歳後半ごろの「第二次認知革命」、そして、青年期の始まりの「第三次認知革命」の神経学的基盤について、**図2−2**にまとめて図示しますので、ご確認ください。

小学校の高学年くらいになると、よい本や将来の目標となるような人に出会うことが、人生を自分らしく、充実して生きられるかどうかの鍵を握ることになります。また、親離れ——親から自立・自律する——の時期も迫ってきます。ですから、小学校高学年になったら、親子とはいえお子さんとは「友達」のような関係で、お子さんの意志や考えを尊重していただきたいと思います。

新聞に載っていた母子の会話をご覧ください。

子「ぼく、だれと結婚するの」
母「いちばん好きな人と」
子「ああ、お母さんと結婚したかったなあ」
母「じゃあ、お母さんと結婚しようか」
子「だって、お父さんと結婚しちゃったじゃん。ぼく知ってるよ、写真見たもん」

（4歳）

子「ぼく、今日学校行きたくないなあ」
母「じゃあ、行かなくてもいいんじゃない」
子「行く。僕の人生だもの。僕の人生はお母さんが決めるんじゃなく、僕が決めるの」
（8歳）

母「水泳教室行ったら」
子「言っとくけど、やらせは絶対いやだからね。自分のことは自分で決める。お母さんの言う通りにならないことが多くなると思うよ」
（10歳）
（朝日新聞 1993・4・25「天声人語」を基に作成）

この会話は、朝日新聞1993年4月25日の「天声人語」欄、「育ち盛りの子どもの言葉」に紹介されていたものです。

4歳ごろには「ママと結婚したかった」と言っていた男の子は、10歳前後で母からの「独立宣言」を発するようになります。頼もしいですね。このお母さん方はすてきな子育て——子どもを赤ちゃんのころから一人の人格をもった存在として敬意を払い、しかし幼いうちは寄り添い、何よりも愛して育てたからこそ、「やらせは絶対いやだからね。自分のことは自分で決める」と言えるような子どもに成長したのではないでしょうか。

その一方で、男の子は甘えん坊です。また、お母さんのことが大好きなのです。

おとく

ママ　いつでも
ぼくのこと
ギューって（だきしめて）
していいよ
ぼくはあったかいから
さむいひは
おとくだよ

（6歳）

〔読売新聞生活部（監修）（2017）
『ことばのしっぽ「こどもの詩」50周年精選集』読売新聞社　83頁より〕

ぼくをおこるのもほめるのもお母さんは世界一だね。（11歳）
〔朝日新聞1993・4・25「天声人語」より〕

子どもの年齢ごとの心の発達についてまとめておきましょう。

年齢ごとの心の発達

◎子どもの「心の状態」は一人ひとり違う！

子どもの心がどのような段階を踏んで成長していくのかを整理しておきたいと思います。

子どもの心がどのように成長していくかは、男女の違い、生まれもった気質、そして親の関わり方などによって違います。ですから、一概に「○歳で心が荒れたときはこうすればいい」と言える処方箋はありません。

しかし、子どもの心がどのような段階を経て成長するのかは知っておいていただく必要がありますので、便宜的に年齢別に解説します。ただし、「年齢はあくまでも目安でしかない」ということは必ず頭においてお読みください。

◎0〜2歳の心——第一次認知革命（想像力の誕生）

子どもの心の発達は、脳の発達に支えられています。

生後10カ月ごろになると、脳の海馬（記憶や空間学習などをつかさどる部分）と扁桃体（感情の動きなどをつかさどる部分）がネットワーク化されて想像力が誕生します。すると子どもは、見ている世界とは別の世界をイメージして頭の中に描くことができるようになります。

親から受け継いだ「気質」は、遊びや人、ものへの関心の違いを生み出します。人間関係に敏感な「物語型気質」の子どもは「ごっこ遊び」が好きで、物語絵本を好みます。ものの変化や動きに敏感な「図鑑型気質」の子どもはプラレールやブロック遊びが好きで、図鑑を好みます。

◎3～6歳の心――第二次認知革命（感情のコントロールなど）

この頃になると、子どもは活発に外界に働きかけて知識を蓄えます。また、生活や遊びを通して生活概念（生きるということの大まかな理解）を学んでいきます。幼稚園や保育園などで家族以外の大人や子どもたちに出会い、会話能力や他者への共感性も発達させます。

5歳ごろから脳のブローカ野（言語処理などをつかさどる部分、ワーキングメモリー）が海馬や扁桃体とネットワーク化され、ものごとを計画したり、原因と結果の関係を理解したり、感情や行動をコントロールしたり、自分のことを客観視したり……といったような、やや複雑な思考ができるようになります。

6歳ごろには時間の流れを理解できるようになり、過去・現在・未来について意識するようになります。

◎7～9歳の心――手足やものを使って問題を解決

小学校に入って記号や数式などを使った教科学習が始まると、これまでに遊びや生活を通して獲得してきた「生きるということ」に対する大まかな理解を、科学的理解にまで深めていきます。

低学年ぐらいまでの子どもは手足やものを使って問題を解決しますが、9歳ごろからは、それに加えて抽象的なシンボル（記号や数式など）を使って問題を解決できるようになります。

しかし、それまでに五官を使って、十分に外界に働きかけ、友達とも遊んだ経験が少ない子どもにとっては、抽象的なシンボル操作で問題を解決することが難しく、授業についていけない子どもも出てきます。一般的には「9歳の壁」と呼ばれている問題です。

◎10〜12歳の心――第三次認知革命（自分探しの旅へ）

10歳ごろから、脳の前頭連合野（複雑な行動をつかさどる部分）が心と身体をコントロールするようになり、意志や判断力、モラル、情緒が一段と発達します。

問題を論理的に分析したり、ことばや図、記号などを使ってまとめることができるようになったり、ものごとを抽象的に考えられる段階へと進んでいきます。

人生を豊かに生きるためには、思春期前期にあたるこの時期に出会う大人、本や映画などのメディアの役割は大きいのです。子どもは周りの友達や教師、メディアの影響を受けて、自分はどういう人間か、将来どのように生きたいかなど、アイデンティティー（自分らしさ）への問いをもち、自分探しの旅へと踏み出します。人は生涯かけて、その問いの答えを探し続けていくのです。

◎「心の発達」５つの特徴

乳幼児期から児童期にかけての心の発達の特徴は次の５つにまとめられます。

① 運動とことばの発達は順序が決まっていて、階段を上るように進みます。ただし、階段の幅は子どもによってそれぞれ違います。「1歳で単語しか話せなかった子どもが2歳になった途端、上手に会話ができるようになった」という階段の幅の狭い子どもがいる一方で、「3歳までことばを話さなかったのに、4歳になって急におしゃべりになった」といった階段の幅が広い子どももいるのです。

② 心の発達のほとんどは、行きつ戻りつ「螺旋」のように進んでいきます。

③ 行動だけを見れば「戻る」あるいは「停滞している」ようでも、心や身体の中では見えない大事な力が育っています。

④ 心の発達には性差があり、女児は男児よりも発達のペースが早く、社会への適応力も高いのです。

⑤ 大人の関わり方次第で、子どもの心の発達を促すことができます。子どもの主体性

を大切にして「子どもの気持ちを尊重する保育」「子どもとの触れ合いを重視し、体験を共有するしつけ」で関わると、子どもの自生的な成長の力が発揮され、心はどんどん成長します。年齢はあくまでも目安なのです。

ノブコ先生からのアドバイス

ハルナさんへ

ご相談拝見しました。

3歳のお嬢さんも5歳のご子息も、とても順調に成長していますね。

ご子息は、ご両親の期待通り、とてもよい子、信頼できる頼りになる子に成長されましたね。5歳ごろは、状況を見る目や、自分を振り返り、自分勝手な感情を抑える力も芽生えます。でも、ママには幼稚園での出来事をお話したい、聴いてもらいたいと思っています。ママと会話するそばで妹さんはヤキモチをやかれるのでしょう。自分も会話に割り込んできます。女の子は口が達者で社交的ですから、ママの関心を自分に向けようと必死なのですね。ご子息の話をさえぎって、「知ってるよ」「見たよ」「工作つくったよ」と知ったかぶり。ご子息も腹が立つので、「やまのくみで起こったことだから、はやしのくみにいたハナちゃんは知らないでしょ！」と、思わず「ハナちゃんはウソつきだ！」と叫んでしまうのです。二人の間にいてハルナさんはどんなにハラハラなさるでしょう。でもこんなときこそ、ママの振る舞いが大切です。

妹のハナちゃんに「お兄ちゃんのお話を聴いてみようね」と伝え、妹さんの肩を柔かく抱いて、二人でご子息の話を聴く体勢をつくってください。ご子息の話を聴いたら「わあ、たいへんだったね」とか「素敵な電車をつくったんだね」とか「ペットボトルのキャップを車輪にするなんて、よく考えたのね」と、お子さんが考えたり工夫したところをうんと褒めてあげましょう。最初は、負けず嫌いの妹さんが、ご子息の話に割り込んでくるかもしれませんが、ハナちゃんの肩を柔らかく抱いている手を少し強くして、ユウキくんの話に耳を傾けるようにしてください。その後、今度は、妹さんの顔を見ながら、「お兄ちゃんのお話いっしょに聴けて楽しかったね。今度はハナちゃんの番。幼稚園でどんな遊びをしたかママに聴かせてね」とご子息と一緒に、ハナちゃんの話に耳を傾けるのです。ハナちゃんの番になったら、しっかり目を見て、お話を聴いてあげます。このようなママの姿を示すことで、おとなしいご子息も出番があり、おしゃまな妹さんも、ママがこのあと話を聴いてくれると、待つことができるようになるでしょう。

ときには、きょうだいで共通の話題が出ることもあるでしょう。そんなときには、きょうだい二人から交互にお話を聴いたり、一緒に話すことばをよく聴いたりしてあげてください。

幼稚園から帰って、われがちに、ママに話そうとするのは、ママの愛情を確かめる儀式。ママは、ボクのこと（ワタシのこと）を愛してくれているのか、確かめているのです。お子さん一人ひとりの個性を大切に、丁寧に関わること。この繰り返しで、きょうだい仲良く過ごせるようになるでしょう。

ママの愛情はきょうだいで「はんぶんこ」することはできません。二人いても、「はんぶんこ」

に分けるのではなく、一人に「全部」を与え、もう一人にも「全部」を与えてあげてくださいね。

3章

ことばの力

ウェッブ子育て相談室に寄せられたメールから始めましょう。

ミホコさんのご相談

ノブコ先生

3歳の娘のことでご相談します。

娘は私立幼稚園に通っています。幼稚園のお母様方は小学校受験を考えている方が多く、お子さんを受験塾や英会話塾、知能開発スクールなどに通わせています。

私は娘に小学校受験をさせるつもりはありません。娘も私と公園で遊ぶことが大好きです。お花を眺めたり、アリやダンゴムシを見つけて喜んでいます。「アリさん並んで歩いてる! アリさんのぎょうれつだ」と喜んだり、ダンゴムシをつかまえて手のひらで丸まってしまう様子を観察したり…私も娘と一緒に遊ぶ時間をとても大切にしています。

しかし、今度、小学校3年生から英語を学ぶことになるというニュースを知りました。4歳になったら英会話塾に行かせた方がよいのではないかと思い始めました。英語は早くから学べば、英会話に不自由しなくなると話しているお母様方のことばも気になります。また、幼児期から英会話塾に通っていると、中学や高校で英語好きになるのではないかとも思います。娘た

ちはグローバル社会で、国と国の境界のないグローバル社会で生きていかねばなりません。英語に早くから触れさせた方がよいのでしょうか？

〔東京都在住、ミホコさん〕

このご相談のように、英語は早くから学べば上手になるのでしょうか？　また、早く取りかかることが将来の英語学力によい影響をもたらすのでしょうか？

0歳からの英語教育？

最近、０歳からの英語教育がさかんになってきました。乳幼児向けの英語のタブレットや絵本、絵カードなどの教材を求める親も多いようですが、本当に効果はあるのでしょうか。

赤ちゃんは音にとても敏感です。ある実験で「バ（ba）」と「パ（pa）」の二つの音を、違う音として聞き分けているかどうかを調べました。面白いことに二つの音を聞くとき、はっきりと違った反射運動が見られました。

「バ、バ、バ、バ、バ、バ……」としばらく聞かせたあとで、「パ、パ、パ、パ、パ、パ……」に変えて聞かせると、おしゃぶりを吸う速度（吸てつ速度）が速くなります。赤ちゃんは「あれ？　音が変わった」と反射的に感じとっているのです。高い音から低い音に切り替えても、同じ音なら吸てつ速度は変わりません。「バ」から「パ」へ、あるいは「パ」から「バ」へ変化したときだけ、吸てつ速度が変わるので、生後6カ月の赤ちゃんは全世界共通で、「バ」と「パ」を別の音として区別して聞き分けていることがわかったのです。

生後6カ月の赤ちゃんは、日本人が発音も聞き分けも苦手な「ra」と「la」も、別の音として区別して聞いています。しかし、生後12カ月になると、日本語に取り巻かれている環境の赤ちゃんは「ra」と「la」が別の音とは聞き分けられなくなります。生後12カ月までに母語の聞き取りに必要な音の種類が決まってしまうからです。こう説明すると、気の早いお母さんは、音の聞き分けが固まらないうちに英語の音声を聞かせたら、英語の発音や聞き取りが英語母語話者並みになるのではないかと早合点するかもしれません。

しかし、ちょっと待ってください。それでは日本語の獲得が遅れてしまいます。

早くから外国語に触れたからといって…

子どもの言語習得については、「大人に比べて、ことばを覚えるのが早い」といわれています。

海外駐在員の家族として海外に移住して現地のことばを獲得するスピードを見ると、家族の中で幼い子どもが最も早く、しかも容易だと信じられています。これは本当でしょうか？

２００４年から、公立小学校では5年生から「国際理解教育」の中で「外国語活動（英語活動）」が取り入れられました。このときの英語活動は、文字は教えないことを前提にしたり、歌ったり、ダンスをしたり、ゲームをしたり、決り文句で挨拶や自己紹介をするような活動が取り入れられました。２０２０年からは、この外国語活動が小学3・4年生に前倒しされ「外国語活動（英語活動）」として学ばれることになります。5・6年生では読んだり書いたりの教科としての「英語教育」が始まります。教科書もテストもあり、成績もつけられることになります。

このニュースは「子どもは大人よりも言語習得が容易」や「英語は幼いころから教えた方がよい」という素朴信念に文部科学省がお墨付きを与えることになりました。

子どもを幼児初期から英会話塾に通わせたり、英語の通信教材をあてがい始めたりする親たちも増えています。しかし、果たして、英語は早くから学習を開始しないと身に付かないものなのでしょうか。以前、私がお茶の水女子大学で教えた帰国子女が書いたレポートをご覧ください。彼女の目から見た第二外国語の習得について考えてみましょう。

「私はバイリンガルになれなかった」

「私は3歳11カ月から15歳まで11年半の間、旧西ドイツのハンブルグ市で過ごしたいわゆる帰国子女です。滞在中、言語習得に関しては〝自然放置〟の状態におかれ、週5日の現地の学校と週1日の日本語補習校という生活を送りましたが、とうとう一度もドイツ語を自由に使えたことはなく、高学年になるほどにその不自由さは増しました。しまいにはかなり参ってしまい、帰国することになった時にはほっとして逃げ帰るという気持ちでした。今度「言語獲得の臨界期」という理論を知って、振り返ってみると、その都度小さな〝臨界期〟があったのではないか、そして私はそれをクリアし損なったのではないだろうかという考えが生まれたのです」

（K・Y、心理4年）

〔内田（1999a）225頁より〕

これは、3歳11カ月から15歳まで11年半、旧西ドイツに滞在した帰国子女のレポートの書き出しの文章です。K・Yさんは、家庭では日本語で、学校ではドイツ語で学習する環境で育ちました。しかし、ドイツ語を自由に使えるようにはならなかったと述べています。いつも言いたいことと表現できることに違いがあったということです。帰国することになって、「ほっとして逃げ帰るという気持ち」だったとレポートに記しています。彼女のレポートを手掛かりに、外国語を覚えるとはどういうことかを考えてみましょう。

まず日本語に取り巻かれている環境で、英語を早くから学習することにはどんな意味があるのでしょうか？　英会話塾に通えば、英語をどんどん話せるようになるでしょうか？　また英語学力は伸びるでしょうか？

英会話塾通いは英語学力とは関係ない

母語の文法は3歳ごろまでに習得され、幼児期の終わりには長い文章を構成する談話文法が習得されます。

母語の言語習得は音楽を聴くように無自覚的ですが、第二言語学習は自覚的に読み書きを学習することになります。母語は会話の中で自然に習得できますが、第二言語としての英語は、フラッシュカード（絵がかかれたカードを高速で大量に見せる）を使ったり、発音をまねて何度も繰り返したりしても英語を話せるようにはなりません。決まり文句の「会話ごっこ」も現地では役に立ちません。

受胎後18週目から聴覚野のネットワークが形成され始め、受精卵は外界及び胎内の環境音に混じって母親の話すことばを音声として聞き始めます。母語の文法を身に付ける5、6歳ごろまでには、ざっと見積もっても約3万時間も言語刺激にさらされていることになります。3歳児は新しいことばを使って他者とやり取りするのに1週間に70時間も割り当てています。平均的な知能をもつ1歳半児は1週に平均40語、6歳児は1日に20語も語彙を増やしていきます。

母親のおなかの中にいるときから胎児は母語（母語のイントネーションやアクセントなど）を聞いていますので、小学校3年生までには、なんと8万時間も母語にさらされています。一方、日本語に取り巻かれている環境で第二言語（英語）にさらされる時間は1週間にせいぜい4、5時間程度です。小学校の英語に触れる時間はせいぜい週に１００分程度、合計時間は1年３６５日のうちのたった4日分にしかなりません。母語での会話時間に比べて、英語を使ったやり取りの時間はほんのわずかなのです。ここから見ても、英会話塾に通っても英語の習得には大した助けにならないということがおわかりいただけるでしょう。

私は以前、お茶の水女子大学附属中学校の生徒たちに協力してもらい、英会話塾に通ったことが英語学力に影響するかどうかを調べました。「英語既習者」は幼児期や児童期に英会話塾に通った子どもと、英語圏で生活したのち帰国した帰国子女が含まれています。「英語未習者」は幼児期や児童期に英語を習ったことのない子どもです。英語学力のテストは聴解問題20％

と読解問題80％のテストで、大学入試センター試験「英語」と同じ構成のテストを受けてもらいました。

その結果、1年生の期末試験から、「英語既習者」と「英語未習者」の間にテストの成績の差は見られませんでした（**表3－1**）。中学3年生の3学期まで追跡していくと、学年が上がるほど自宅での学習習慣のない子どもは、英語はもちろん、国語、理科や数学、社会など他の教科の成績もどんどん低下していきました。英語だけではなく、他の教科においても自宅での学習習慣が学力を向上させるには不可欠なのです（内田、1999b、2017）。

表3－1　英会話塾に通塾した効果は英語学力に関係ない
～小学校での英語既習者と未習者で差がない～
10年間の追跡結果（お茶の水女子大学附属中学校，2008）

1. テスト構成：2割が聴解問題で8割が読解問題

2. 1年生の1学期末試験から

3. 既習者と未習者（13～20%）で成績の差はない！

4. 既習・未習にかかわらず、家庭での学習習慣がない生徒は成績が低下する。

∴　英会話塾は効果がない！
RQ*：海外留学や海外で暮らしたらどうなるか？

＊RQ；research question；研究の問い

ことばを覚えることは文化を知ること

「ことばというものは背景に文化をもっています。（中略）幼児期に出会う文化と小学校で出会う文化とは違います。思春期以降に出会う文化はさらにちがったものです。そのことが言語の最終的習熟度になんらかの影響を与えるのではないでしょうか。つい上滑りしましたが、ドイツ語に話を戻すと、幼児期には童謡や〝かごめかごめ〟のような遊びでことばのメロディーを体得し、小学校に上がって詩の暗唱を通じてことばのリズムを体に刻みます。オイレンシュピーゲル（14世紀ドイツの伝説的な道化師・いたずら者）やミュンヒハウゼン（『ほら吹き男爵の冒険』の主人公）といったキャラクターを通じて話のテンポを学び、読み聞かされた物語の再話やその続きを書いたりしてリズムやテンポを自分のものとします。そしてこういったことは二度と体験することはありません。ほんの一例ですが、ある時期の器に注ぐ内容は自ずとそれに見合ったものになる、ということではないかと思います。器は絶えず変形していくので、内容もどんどん変わる――文化との出会いには〝臨界期〟があるとはいえないでしょうか。人工的な〝臨界期〟ではあるかもしれませんが、文化を自分の血肉とするという面で、かなり必然的なように思えます」

（K・Y、心理4年）

［内田（1999a）225頁より］

ことばは文化と絡み合っています。K・Yさんが指摘しているように、どれくらい文化を受け入れているか、文化になじんでいるかが第二言語の習得の土台を築きます。安井稔さんは「ナーサリーライムの世界というのは幼少期の子どもたちが慣れ親しんできた絵本や童謡、童話の世界であり、大人になってからも言葉の端々に出てくるものである」（安井、2004：143頁より）と述べています。

幼児期〜児童期にかけて子どもたちが楽しんで行う「しりとり遊び」や、「グリコのおまけ」などの遊びを通して、子どもは母語の絶対語感や音韻規則などの「音韻的意識」をからだに刻んでいるのです。

外国語を学ぶタイミング

「私の小さな手遅れは、注ぎ込まれる内容に見合う器の用意がいつも少しずつ遅れてしまったことにあります。韻を踏む詩などひとつも作れなかったし、冠詞の性や格変化などはどのようにして身につけるか分からずじまい。ギムナジウム（5年生〜13年生）では基礎のなさがひびいて、さまざまな文体やレトリックを学んでも、さっぱり使いこなせない。そういった遅れを取り戻すには、やはりたくさんのことばにふれて、コツコツと基礎を固めていくよりないのだと思います。時間が足りなければ要所だけつまむか、裾野を省くかにならざるを得ないわけで、早期に言語環境に身をおくほど最終的習熟度が高いというのは、言語を習得するというのは文化を受け継ぐこととほとんど同意義であることを反映してのことでもあるという気がするのです」

（K・Y・心理4年）

［内田（1999a）225頁より］

K・Yさんは、幼児期にナーサリーライム（童謡）を暗唱するという体験のなさが影響してドイツ語の音韻規則を習得し損ねてしまったことを告白しています。しかも、その影響は後まで尾を引き、高校になってドイツ語の文体やレトリックを学んでもよい文章が書けないし、韻を踏む詩も作れなかったというのです。

人は、ある時期に触れる言語刺激とそのことばを使った会話によって、母語のセンスや「絶対語感」をからだに刻んでいきます。母語のセンスや絶対語感などの音韻的意識は母語の習得過程でいつの間にか習得され、それが土台になって、後のことばの自覚的学習に影響を及ぼしているのです。

幼児期に母語の絶対語感を形成し損なうと、「声に出して読みたくなるような」リズミカルな文章や俳句、短歌、詩などは作れないことになります。

通訳者の伊藤ゆかりさんは日本で英語を早く学習させようという動きがあるのを知り、朝日新聞２０００年８月８日の「論壇」欄で、大まかに以下のようなことを主張されています。

「発音は確かに早いほどよい。しかし、早く学習することの利点はそれだけです。問題は英語母語話者並みに発音できることではなく、英語で相手に伝えたいことがあるかどうかなのです。マンデラ大統領がノーベル平和賞を受賞したとき、フランス語なまりの英語で演説しました。この演説に感動して涙を流した人も多かったのは、演説の中身がすばらしかったからなのです。マンデラさんは27年も投獄され拷問を受けても、権力に屈することなく人権解放運動を続けた方です。人々はマンデラさんの不屈の精神と人権解放の功績に感動したのです。このように、人は、ことばを「聴いている」ときには、発音を聞いているのではなく、話の中身を聞いているのです。いくら発音がよくても中身がなければ、誰も耳を傾けてはくれないでしょう。（中略）今日本の子どもたちの学力低下が心配です。日本語の力だけでなく、そもそも考える力が育っていないのです。そんな状況で、ふだんの生活で必要がない英語を早くから学ばせようとするのはいかがなものでしょうか？　いささか心配になります。」

〔朝日新聞 ２０００・８・８「論壇」を基に作成〕

しかも、大人たちが心配する発音や聞き取り能力は、後から学習することができるのです。小学校高学年になってから、あるいは中学生になってからでも、外国語の発音に触れ、発音の仕方を学んで何度も自覚的に練習すれば母語話者並みの発音ができるようになります。

伊藤さんも指摘しておられるように、コミュニケーションにとって重要なのは話す中身です。中身がなければ、九官鳥のように母語話者並みの発音ができても、誰も耳を傾けてはくれません。英語がペラペラと流暢なだけに、中身がなければ、かえってバカにされてしまうのではないでしょうか？

海外へ語学留学させたきょうだいは英語がペラペラになったか？

大人になって英語に苦労しなくてすむようにと語学留学させる親もみられます。母親と一緒に兄と妹をニュージーランドに語学留学させた父親から伺ったことです。

長男は小学校3年を終えて9～11歳までニュージーランドの小学校に通いました。小学校6年生からは帰国して神戸の公立小学校に戻りました。すぐに日本語での授業についていけたそうです。英語も保持していて中学では発音がよいと褒められたそうです。英語と数学が得意で、学業成績もよく、カリフォルニア大学に留学してコンピュータサイエンスを学び、卒業後は米国系のＩＴ企業で活躍しているそうです。お父様によると、息子を2年間留学させたのはよかったとおっしゃっておられました。

では妹はどうなったでしょうか？

長女は2～4歳まで、ニュージーランドの保育園に通いました。芸術教育を取り入れた自由保育の保育園で、お嬢さんは毎日楽しく保育園に通っていたそうです。髪の毛の色、肌の色や目の色も違う、いろいろな国からきた子どもたちに混じって、好きな絵を描いたり、工作したり、お庭のバオバブの木のウロにある秘密基地に登っておしゃべりしたり、楽しく遊んだそうです。お友達と遊ぶ中で、大人はあまり使わない英単語（たとえば、doggy〈コイヌチャン〉、pee〈オシッコ〉など）も話したそうです。帰国後、一斉保育の幼稚園の年長組に入ったそうですが、日本語で会話することができなかったそうです。周りの友達がみな髪はまっすぐで目は黒く、肌は黄色と見かけが同じなのに、まずびっくりしてしまい、遊びの輪に入れないことが続きました。絵を好きなだけ描いていたニュージーランドの保育園とは違って、文字の読み書きや計算、ダンスや英会話などのスタートカリキュラムを学習させている一斉保育の幼稚園にはどうしてもなじめなかったようです。小学校に入った後は多少覚えた英語をすっかり忘れてしまったそうです。勉強はあまり好きではなく、結局、日本の高校には入ることができなくて、アルゼンチンの芸術系の高校に進学しました。お父様によると、「英語も、スペイン語も、おまけに日本語も、全て中途半端で、スイッチの切り替えもままならず、本人は言いたいことも言えず、とても苦労している。幼児期にニュージーランドに留学させたのは娘に気の毒なことをしてしまった」とおっしゃっておられました。

この兄と妹では何が違っていたのでしょうか（**表3−2**）。まず、留学した年齢が違います。兄は日本の小学校で読み書きを学び、作文を書く経験も済ませた状態で留学しました。ある程度、母語の日本語でのことばの力の土台はできあがった段階でニュージーランドの小学校に留学したのです。一方、妹は、母語の日本語を話し始めた時期にニュージーランドの保育園に通ったのです。次に、留学中の活動の仕

表3−2　海外へ語学留学させた事例；
母親と3年間ニュージーランドに居住した兄と妹

長男；小学校3年を終えて9〜11歳 **小学校6年で戻った。** すぐに日本語での授業についていけた。 英語も保持していて中学では発音がよいと褒められた。 英語と数学が得意。2年間の留学の効果は大きかった。 **長女；2〜4歳** ニュージーランドの保育園では子どもたちとよく遊べた。 帰国時、幼稚園では日本語を話せなかった。 小学校では英語をすっかり忘れてしまった。

方も兄妹で違います。兄は英語の授業を受け、英語の読み書きも練習し、英語の教科書も読み、英語での討論（ディベート）も経験しました。ところが、妹は、単語だけで十分通じる環境で、好きな絵を描いたり、工作したりで過ごしていました。

さらに、もしかすると、もともときょうだいの知力に違いがあったのかもしれません。このような違いがある二人の例から、語学留学の効果について結論を出すことはできません。そこで、どこかにデータがないかを探してみたところ、カナダで行われた大規模縦断追跡調査があることに気づきました。その調査について見てみましょう。

日常会話と学習言語

大規模縦断追跡調査を行った言語心理学者のカミンズは、外国語習得には二つの言語力があると述べています（**表3－3**）。一つは、「日常会話力」（BICS：Basic Interpersonal Communicative Skills）で、基本的対人コミュニケーション能力です。もう一つは、学習場面で使われる、学習言語能力（CALP：Cognitive Academic Language Proficiency）、つまり、「認知的学習言語能力」です。カミンズは、この二つの言語力は外国語習得に大きな役割を果たすだろうと想定しています（Cummins, 1981）。

多くの方は、「英語力」というと「英会話」「日常会話」を思い浮かべるのではないでしょうか？　海外からの旅行者に道案内をしてあげたり、買い物に付き合ってあげたりなど、いわゆる日常会話ができるかどうかと考えるのではないでしょうか？　しかし日常会話は生活する上で重要ですが、学校で学ぶときには学習言語能力がないと学べないのです。教科書が読めませんし、レポートや論文を書くこともできません。仲間と討論（ディベート）したり、議論（ディスカッション）したりすることもできません。

この日常会話力と学習言語能力はどのように伸びていくのでしょうか？

カミンズと日本語教育学者の中島和子さんは、トロントに住んでいる日本人家族の小学生を対象に英語と日本語の読み書き能力をテストしました。その

表３－３　第二言語学習の２つの力（Cummins, 1984）

I. BICS

Basic Interpersonal Communicative Skills
基本的対人コミュニケーション能力
⇒日常会話力

II. CALP

Cognitive Academic Language Proficiency
認知的学習言語能力
⇒学習言語能力・読解力

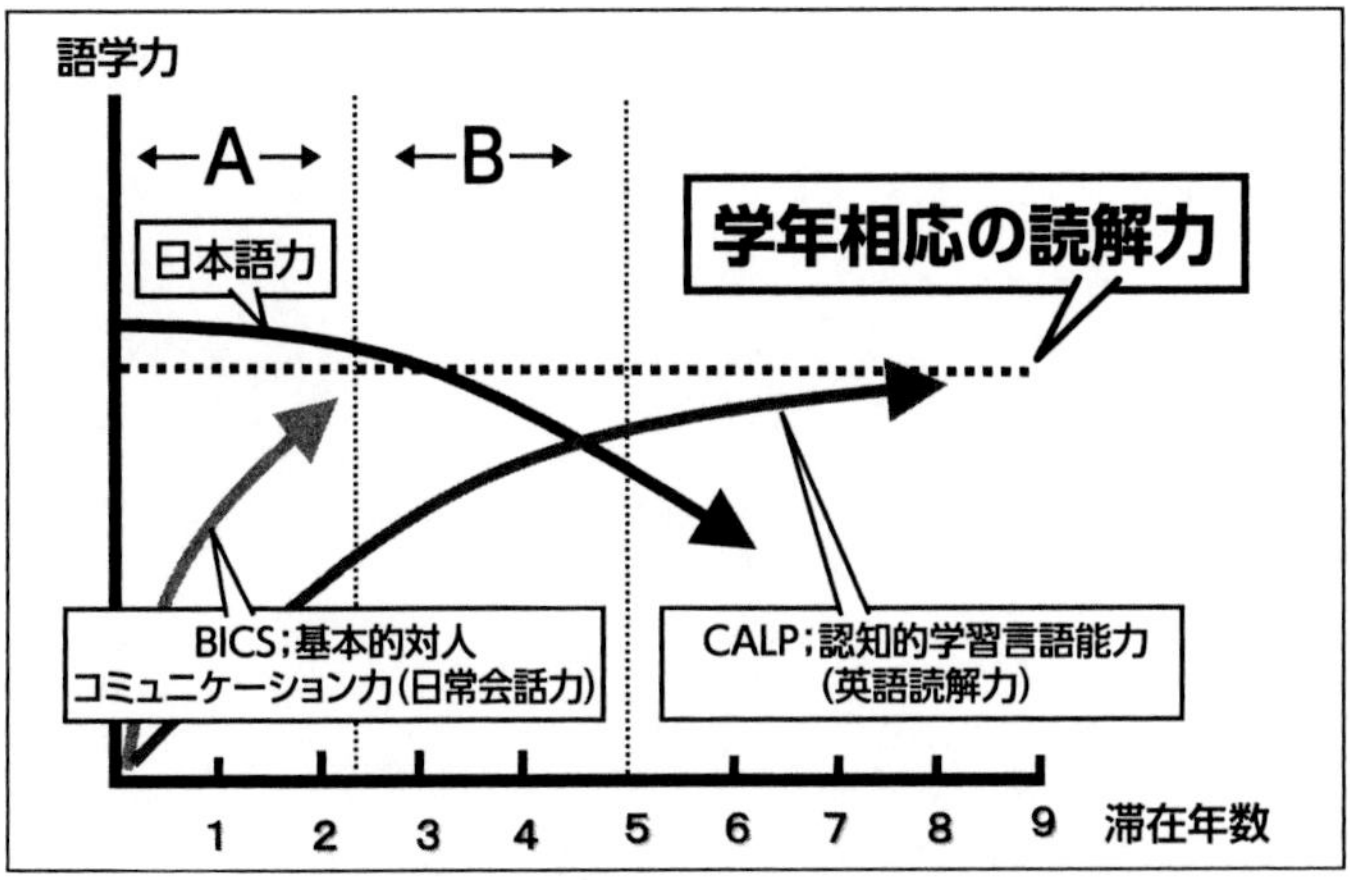

図3－1　日本からカナダに移住した子ども（59 名）「滞在年数」と「2言語の力（BICS & CALP）」の推移

（Cummins, 1984；中島, 1998）

テストの結果から、英語の読み書き・日本語の読み書き、男女比、入国年齢、カナダ在住歴を考慮して選出した59名を対象にして、さまざまな角度から「日常会話力」と「学習言語能力」の伸び方や学業成績を比較しました。その結果、日本語と英語では音声構造、文法構造、表記法など表層面での違いは大きいけれど、深層構造では関連し合っており、特に学力と関係の深い言語能力「読解力偏差値」には、第一言語の習得度が第二言語の学習に影響することがわかりました。入国年齢の低い年少児は会話力や発音面では優れているものの、学力言語の習得では年長児の方が優れていることに加えて、日本語の維持の度合も高かったのです（**図3－1**）。

特に注目されるのは、入国年齢が高い方が第二言語での学業成績も高いという点です。小学校6年生まで日本で育った子どもたちは、英語はもちろんのこと、他の教科の学習においても有利だということがわかりました（**図3－2**）。

幼児初期に日本からカナダに移住した子どもたちやカナダで生まれた子どもたちは、家庭でも保育園でも読み書きは学びませんので、学習言語（CALP）が伸びることはありません。小学校以降にアルファベットを学んでも、とても間に合わなくて早口の英語の授業についていけなくなります。同様に他の教科の学習にもついていけないのです。理科や社会の概念の獲得には生活の中

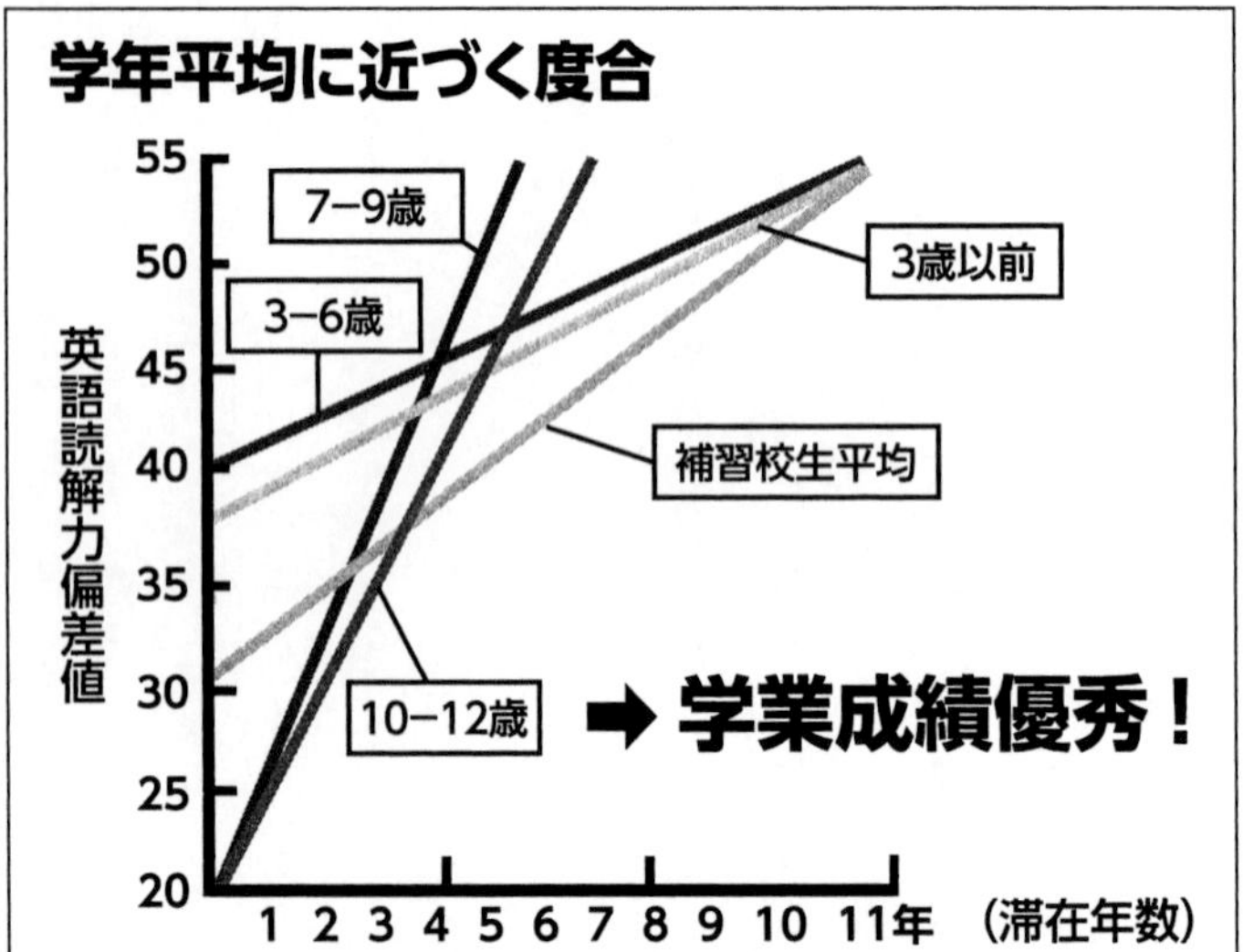

図３－２　学校文化の影響　【考える力の育ち】
入国年齢と英語読解力偏差値（と学業成績）
（Cummins & Nakajima, 1989）

で自然と身に付けた語彙力がものをいうのです。家庭で日本語を話している環境にあっては、生活の中で自然と習得される語彙力が不足しているためです。学校文化の中で習得する語彙だけが細い柱として学習を支えるので、知識体系（科学的概念）を形成することが難しいのでしょう。現地で生まれた子どもや幼児期にカナダに移住した子どもは学習不振児が多く、小学校3、4年になると算数以外の教科の授業についていけなかったのです。

二言語相互依存説（氷山説）

カミンズは、この調査結果に基づき、第一言語（母語）と第二言語（英語）の両方にまたがる言語能力は深層で共通しており、両者が影響し合いながら発達するという「二言語相互依存説」（**図3－3、図3－4**）を提唱しました（Cummins, 1981）。この仮説は二つの言語（日本語と英語）は表層面では音声構造、文法構造や語彙が異なっていますが、深層面では「中央基底言語能力（中央作動システム）」（Cummins, 1984）を共有しているので、このシステムで論理的に分析し、類推・比較し、まとめるなどの抽象的思考力が働くと想定しています。また、文章構造の分析や意識化などの「メタ言語能力」は深層で共通していると仮定されているのです。この仮説に立つと、両方の言語を同時に学習する必要はなく、母語を習熟すれば、第

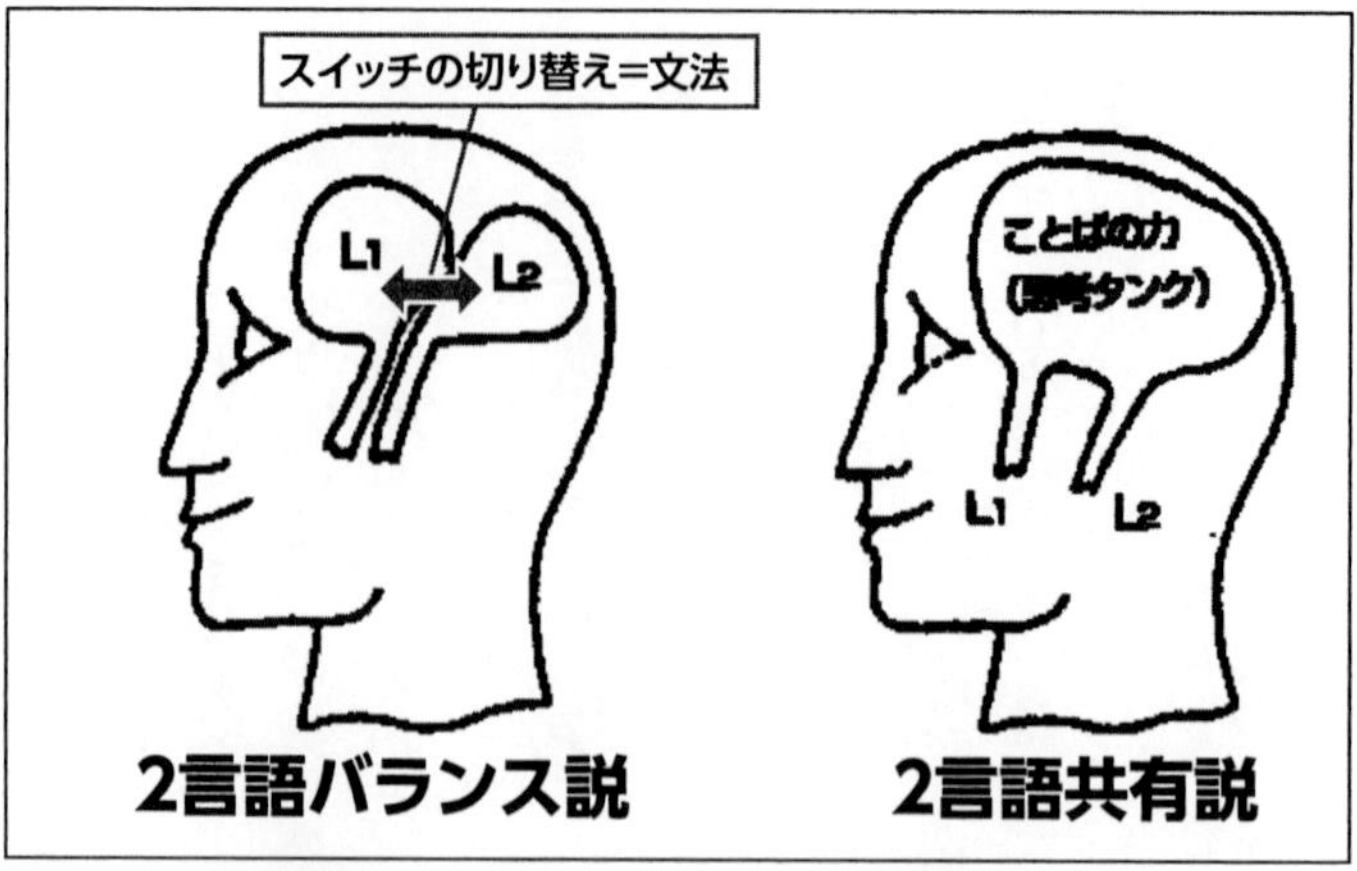

図３－３　「２言語バランス説」⇒「２言語共有説」へ
印欧語同士　〔L1〕日本語　⇒　〔L2〕英語
（Cummins, 1984 より作成）

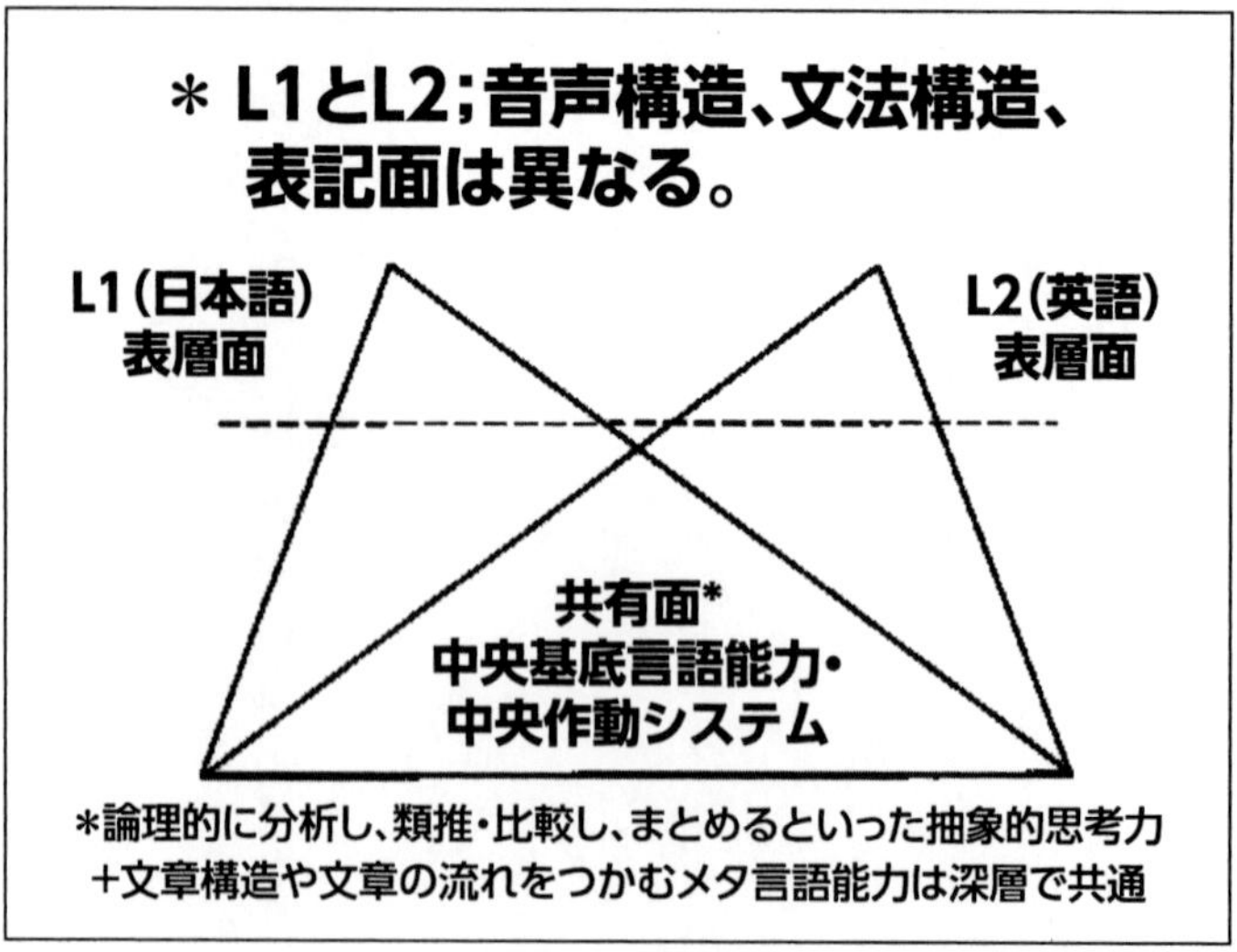

図３－４　カミンズの「２言語共有説」（「氷山説」）
（Cummins,　1984：p.143 に基づき作成）

二言語としての英語の学習が容易になると考えられるのです。

第二言語の発音面（音韻規則）は第二言語を浴びる年齢が低いほど容易に習得され、英会話力の習得には2年程度かかります。しかし、学力言語（読み書き能力や読解力）の習得には自覚的な学習が不可欠であり、母語話者並みに到達するのには8年以上もかかってしまいます。

カミンズと中島和子さんは、母語の読み書き能力をしっかり身に付けて、一対多のコミュニケーションスタイルに移行した段階（7～9歳児）でカナダに移住した子どもが、最も容易に、しかも、最も短期間（平均3年）で、現地の母語話者並みの読書力や読み書き能力の偏差値に追いつくことを見いだしています。一方、3～6歳でカナダに移住した子どもたちの学力言語の習得は最も難しく、11年以上もかかるのです。この結果は「二言語相互依存説」を支持しています。

国際コミュニケーション論の第一人者、鳥飼玖美子さん（立教大学名誉教授）は、新学習指導要領に基づき、3、4年生が取り組む「外国語活動（英語活動）」と5年生以上が取り組む、教科としての「英語」のポイントをわかりやすく解説しておられます。また、「子どもは大人に比べてことばを覚えるのが早い」という素朴信念は誤りであるとも述べておられます。

鳥飼先生は、〝「英語活動」のポイントは「気付く」「素地を養う」「態度を養う」とあるので「英語って、変わった音を出すな」と気付けば十分であり、ふだんの生活で友達や先生、周囲の人たちとコミュニケーションを取ることも含まれるはずだ。（だから、親は）焦らず、つまりは人間として言葉を使う土台を作るのね、と考えればよい〟（鳥飼、2018：141頁より）と提言しておられます。NHKの英会話講座にも登場される鳥飼先生は、女優のエマ・トンプソンが話すようなクイーンズ・イングリッシュを流暢に話されます。読者の皆さまに、本物の英語力について*、また小学校からの早期英語教育について**、説得的に論証・検証した鳥飼先生のご著書をぜひお読みくださるようお勧めします。

* 鳥飼玖美子（2016）『本物の英語力』講談社現代新書、講談社
** 鳥飼玖美子（2018）『子どもの英語にどう向き合うか』NHK出版新書、NHK出版

第二言語の習得への母語の影響

第一言語の習得の過程と第二言語の学習過程は似ているのでしょうか。それとも、似て非なるものなのでしょうか。教育や環境の第二言語習得に及ぼす影響はあるのでしょうか。あるとすれば、どの側面に影響が現れるのでしょうか。英語圏に移住して英語を話す環境に身

をおいたとき、子どもたちに何が起こるでしょうか？

私はスタンフォード大学心理学部で客員研究員を務めたときに、海外から留学してきた家族の子弟が、英語を使うことができるまでに何が起こるのかを観察しました。スタンフォード大学心理学部附属幼稚園やナーサリーの園児（2歳、3歳半〜5歳半）と附属小学校、公立小学校の小学生1〜5年生を対象にして、母語が英語の習得にどのような影響を及ぼすのかを調べました（内田、1999a）。

幼稚園では3歳ごろの子どもは英語がとびかう保育室にいても、自分から英語を話そうとはしません。半年経っても母語を共有する子ども同士で遊んでいます。義務教育が始まるキンダーガルテン（幼稚園）では学習言語としての英語を学ぶようになります。家庭教師やESL*クラス担当の教師は「韓国や日本、中国、台湾などアジア出身の子どもたちは、英語母語話者なら2、3歳までに習得しているはずの冠詞が脱落してしまいます。また数量名詞の複数形が作れないし、動詞の過去形も正しくないなど言語遅滞児と同様の誤りが見られるので、これらの面を意識して教育しています。会話ではでたらめになってしまうので、読み書きを使った自覚的学習を取り入れて改善しようと教育しています」と述べていました。

3歳でアメリカに移住した小学校5年生は「会話はまったく問題ないよ。でも作文は真っ赤になって返されてくる。こっちの子は何が正しい言い回しかが直感的にわかるみたいなんだ」と悩みを打ち明けてくれました。日常、家庭でそれぞれ出身国の母語に取り巻かれ、社会的なやり取りを行っている子どもたちは、現地校で英語の自覚的な学習を開始し英語の読み書き能力を習得した後になっても、文の構造に関わる統語規則については習得し損なってしまうのです。

絵本の場面を見て物語を語る作文能力テストの結果、3歳ごろに渡米して現地校に通っている小学生たち（キンダーガルテン、小学校5年生）は、発音は母語話者並みですが冠詞や複数形、過去形などの統語規則、物語の接続形式や談話構成の仕方には英語にない誤りが見られ、母語話者幼児に比べても得点が低かったのです。

親たちは子どもの発音やジェスチャーが母語話者並みであるため、「英会話には問題がないから、学校でも大丈夫」と信じ込んでいます。現地校のＥＳＬの授業で特訓されても、複数形の「－s」が脱落してしまい、時制、冠詞、定冠詞などほとんどの統語規則において母語話者幼児よりも劣っているデータに親たちはびっくりしていました。

また、字のない絵本（**図3－5**）を見ながら、物語を語ってもらうと、ウラル・アルタイ語系を母語とする日本や韓国、モンゴル出身の子どもたちは、「時系列因果律」で語ります。**図**

（作・絵：マーサー・メイヤー『かえるくんどこにいるの？』p.1）

図３－５　実験材料の図版例（内田，1999 より）

日本語（韓国語）母語話者の語り

男の子と犬がベッドで眠っていた。そしてかえるがこっそり逃げ出した。

【時系列因果律】

そして、それから○○なった。

英語（ドイツ語、フランス語）母語話者の語り

かえるがこっそり逃げ出した。どうしてかというと、男の子と犬が眠りこけていて、音に気づかなかったから。

【結論先行の因果律】

○○だった。
なぜなら、
どうしてかというと、
△△だったから。

（作・絵：マーサー・メイヤー『かえるくんどこにいるの？』p.2）
事件の発端（かえるが逃げ出す場面）。

図３－６　日本語母語話者と英語母語話者の語り方の違い
（内田，1999 より）

3−6の場面では、「男の子と犬がベッドで眠っています。そして、それから、カエルがこっそりビンから逃げ出しました」のように「そして」「それから」という接続詞を使って出来事が起こった順番に語ります。

一方、英語と印欧語（フランス語・ドイツ語・スペイン語・イタリア語・スウェーデン語など）を母語とする子どもたちは「結論先行因果律」で語ります。同じ場面に「カエルがこっそり逃げ出しました。なぜかというと、男の子と犬が眠っていて、カエルが逃げ出しても気づかなかったからです」のように、「なぜなら」「どうしてかというと」という Why, so, because などの逆接の接続詞や理由づけ表現を使って、カエルが逃げ出した理由や根拠を後から付け加えるのです。

このように、幼いころから、母語の談話構造は、出来事をどのように理解するか、また出来事をどのように語るかに影響を与えているのです。

＊　ＥＳＬ：第二外国語としての英語　English as a Second Language

日本語は世界平和に貢献する

さらに、英語（印欧語）と日本語や韓国語の談話構造の違いは、子どもだけではなく、大人たちの会話スタイルにも影響を与えることがわかりました。日本人とアメリカ人をペアにして「トムとジェリー」のアニメを見ながら会話してもらいました。すると、日本人は相手の反応を見ながら会話を進める「相手配慮関係調整型」の会話スタイルをとります。日本人は相手と調和・協調するための会話、つまり「対話」（dialogue）をしようとします。対話の後は意見が変わるのがよいのです。一方、アメリカ人は「自己主張完結型」で会話を進めます。英語談話の構造の強みは相手と戦う会話、つまり「討論」（debate）に適しているのです。討論の後、意見が変わったら負けとなります。

談話構造の違いは、会話スタイルの違いをもたらしています。人とつながり、対人関係をつくる上でも影響しているのですね。

この会話実験の結果、私は次のように思いました。日本語ってなんて素敵なんだろう。日本語や日本文化・日本式の思考スタイルに接することで人は「平和主義」になるのではないか、日本語は人を柔らかくする力をもっているのではないか、と思いました。

“Imagine”の曲をご存知ですか？　ジョン・レノンが作詞しました。彼は、英国リバプール出身の若者4人のグループ「ビートルズ」の一人です。ジョン・レノンは芸術家のオノ・ヨーコさんと結婚し、日本語を学び、日本文化に触れて平和主義に目覚めたのだそうです。そして、創った詩が、"Imagine"でした。

特に心に響くメッセージ*は次の通りです。

想像してごらん
人々を分かつ国境は無いんだと
だれもが想像することはできるばず
殺す理由も、死ぬ理由も無い
宗教さえも無い
地球上のすべての人々が平和の中で生きていける
そんなことできるかって?
私のことを人は夢想家だと言うかもしれない
でも、平和を願うのは私ひとりじゃないはず
いつか、あなたも仲間になって
世界はきっとひとつになれるはず♪♪♪

＊　ジョン・レノンのメッセージを筆者が意訳・縮訳したものである。

私たちが想像力を働かせれば、人々を分断する偏見や差別、宗教、国境すらも乗り越え、私たちはきょうだいになることができるのだと語りかけるのです。

彼は、ニューヨークのセントラルパークわきのマンションの玄関で暴漢に襲われ、凶弾に倒れてしまいました。彼の魂は天国に召されても、〝Imagine〟は平和を求める世界中の人々によって歌い継がれていくに違いありません。

ことばは子どもの未来を拓く

第二言語の学習は母語話者のように自然放置のままで習得されるものではなく、自覚的・系統的に「学習」することが不可欠なのです。ましてや、英語を使う必要に迫られない環境での英語学習がいかに大変かもわかります。英語を使う必要に迫られない環境で英会話の授業をしようとすると、どうしても読み書きに絡めた「第二言語学習」になりがちです。これは母語の習得とはまるで違う自覚的な学習になります。単語の置き換え練習は機械的ですからあまり面白くありませんよね。

母語の土台ができないうちに、現地のナースリーに入れられたために、爪かみや爪先ヒラヒラ歩きなどさまざまな身体症状が出てしまった子どもたち、親たちに第二言語習得を強いられて赤ちゃん返りし、片言の日本語すら口にできなくなった子どもたちの姿は、ことばが通じない異文化で暮らすことがどれほど子どもにとってストレスが高いかを物語っています（内田・早津、２００４）。

このように、思考の発達が系統的学習の「敏感期」にならない段階で中途半端に読み書きに絡めた学習を開始しても、期待した効果を上げることはできません。そればかりか、英語嫌いの子どもを早くからつくりだしてしまうかもしれません。

英会話塾に行くかどうかは、以上に紹介した知見をご覧になり、慎重に判断していただきたいと思います。

「現地の学校に長くいる子どもの方が、日本語補習校で作る作文がうまいという現象がありました。それは言語能力というものが、単に○○語の熟達ということだけでなく、文化を継承する努力によって自己の内面を耕すという、人間に共通な性質をもっていて、第二言語と格闘している子どもの方がそういう能力が高いのだという気がしています。だからといって、日本で第二言語を早期に教えるべきだというのでは決してありません。そうではなく、日本でなされている国語教育がいささか頼りないと思うのです。帰国後に受けた中学、高校の授業では、自分自身の変革を迫られたり、中身をしぼり出させられたりするような体験には不幸にして出会えませんでした。」

（K・Y，心理4年）

［内田（1999a）226頁より　傍線筆者］

K・Yさんは、このように、日本の国語教育についての痛烈な批判でレポートを締めくくりました。彼女が指摘しているように、「自分自身の変革を迫られたり、中身をしぼり出させられたりするような体験」が果たして国語教育で与えられるでしょうか。今日、日本の子どものの学力低下が問題視され、「ゆとり教育」で減らされてしまった教科教育の学習の時間の見直しにすぐに着手しなくてはならない状況です。今こそ、小学校以降のことばの教育は「自己を耕す」ことのできる、考える道具として生きて働くことばを学習する場でなくてはならないと思います（**表3－4**）。

それでも、日本にいて小学校3年から英語に触れることには意義と意味があります。いつも話していることばとは異なることばに触れることにより、あらためて日本語、そして日本

表３－４　長期的視点に立つことばのカリキュラム
胎児期・乳幼児期～児童期までは母語の土台をしっかり築く

(1)小学校では

①国語、算数、科学教育、食育に力を注ぐべき
母語の土台をしっかり耕す！

②英語活動と英語学習⇔国際理解教育；
グローバル意識（グローバルコンピテンス）の涵養
⇒「地球市民意識（肌の色・言語に優劣なし）」を育てる

(2)中・高の英語教育の課題

実用英語重視⇒英会話中心の授業になる
50人1クラスでは構文暗記で試験に臨む。
✕「英会話ごっこ」は意味がない！

表３－５　日本の小学校で英語（外国語）を
学習そして楽習することの意味と意義

1. 母語を知る ⇔ メタ言語意識

2. 他国の文化を知る ⇔ 母国の文化を知る

3. Open-mindedness
「地球市民意識」
⇔ 人類の共生→協生へ

文化の素晴らしさを再認識するきっかけになれば、人類が「共生」（共に生きる関係）から「協生」（協力して生きる関係）への一歩を踏み出すことができるでしょう（**表3－5**）。

最後に、4歳児のつぶやきをご覧ください。

「てっちゃんはあとからかんがえてるの。だから、はやく、おはなしできないの」
「てっちゃんいろんなことばおぼえたいの。てっちゃんのあたまにおしゃべりすることいっぱいあるんだから」
（4歳男児）
〔灰谷健次郎『灰谷健次郎の保育園日記』新潮社（1991）〕

てっちゃんのように、どの子もことばをたくさん「知りたい」、「覚えたい」、大好きなママに「話したい」と思っています。

子どもは「ことば」にとても敏感です。子どもは聞いていないように見えても、全身を耳にして、周りのおしゃべりに耳を澄ませているのです。

平均的な知能の5歳児は、1日に20語もことばを覚えます。親は20語も新しいことばを子どもに話すでしょうか？　子どもはことばに敏感で、家族の会話、テレビのアニメの登場人物のセリフ、ニュース、幼稚園や保育園の先生同士の会話など、身の周りにあふれていることばから、自分の関心に少しでも関連があるなら、どんどんことばを吸いこんでいきます。そして似たような状況におかれたときに吸収したことばがよみがえり、自分でも「使って」みるのです。子どもたちは皆ことばに敏感です。ことばをどんどん覚えたいと思っているのです。ですから、大人たちは、てっちゃんのように耳をそばだてている子どもがいることを忘れず、美しい日本語で会話したいものですね。ことばは子どもの未来を拓く「アロンの杖*」なのですから。

*「アロンの杖（Aaron's rod）」とは、『旧約聖書』の『出エジプト記』に登場するモーセがイスラエルの神から授かり、モーセの兄アロンが使っていたとされる不思議な杖。その杖で触れたものをすべて花園（豊かさ）へと変えてしまう。ことばは子どもに豊かな未来を拓いてくれるアロンの杖のようなものである。

では冒頭のご相談にアドバイスしましょう。

ミホコさんへ

幼児期の今は、ふだんの生活の中で日本語を使ってたくさん会話することが大切です。一緒に散歩したり、動物園に行ったりして、びっくりしたことや面白い動きをしている動物の姿について親子で話し合うようにしてください。生活の中で楽しい体験をたくさんすることが、コミュニケーション能力の基礎をつくるのです。しかし、どうしても英会話塾に行かせたいと思われたなら、がまんするのはミホコさんが辛くなってしまうでしょう。そこで、体験入塾ができるところに入塾してみて、2、3回、お子さんの様子をご覧になってください。

①　お子さんは、楽しそうですか？
②　帰宅後、塾で体験したことを話しますか？
③　塾に行くのを楽しみにしていますか？
④　何よりも大事なこととして、会話しているとき英単語と日本語の混乱がありませんか？

これら4つのことを手掛かりにしてお子さんの様子をよく観察するのです。お子さんはお母さんの分身ではありません。一人の人格をもった「人」なのです。お子さんの成長の視点から、英会話塾に行かせ続けるか、あるいは、思い切ってやめさせるかを判断していただくよう 願っています。

4章

想像するこころ

ウェッブ子育て相談室に寄せられたメールから始めましょう。

ケイコさんのご相談

ノブコ先生

小学1年生の長女のことでご相談します。

娘は今年から近くの公立小学校に入りました。3月生まれということもあって他のお子さんに比べて幼いような気がしています。学校は嫌がらずに登校するのですが、帰宅するとすぐに2歳下の妹とお人形さんごっこを始めます。ときには、いろんなつくりばなし――私には脈略がある話のようではないのですが――を妹に話しています。妹はお姉ちゃんの話にうんうんとうなずいています。二人の姉妹の様子はほほ笑ましいのですが、学校にいってもこんなふうにうわの空で先生の話を聴いていないのではないか、つくりばなしをしているのではないか、学校の勉強についていけなくなるのではないか、などと心配になってしまいます。ノブコ先生、「ゆめみる」ゆめこさんを現実の世界にもどしてあげるにはどうしたらよいか、教えてください。

〔浦和市在住、ケイコさん〕

ご相談者はご長女を「ゆめみる」ゆめこさんと呼んで小学生になっても「つくりばなし」や「お人形さんごっこ」を楽しんでいるのを心配しています。このご相談にアドバイスする前に、想像するこころについて考えてみましょう。

想像力は「生きる力」

ユダヤ人の精神科医、ヴィクトール・フランクルの『夜と霧――ドイツ強制収容所の体験記録』（みすず書房、1961）を読んで、私は、想像力は人に「生きる力」（レジリエンス*）を与えてくれると思うようになりました。

* レジリエンス（resilience）：精神的回復力・人が困難や逆境の中にあっても心が折れることなく、状況に合わせて柔軟に生き延びようとする力

フランクルは第二次世界大戦でナチス・ドイツに捕えられ、強制収容所で強制労働に従事していました。一日にひとのかけらのパンと水のようなスープ一杯で過酷な労働をさせられる囚人たち。からだが弱ってくるとドイツ軍将校にとりいった同朋のユダヤ人に毒ガス室に連れて行かれて、いっぺんに30人、40人もが毒ガスを吸わされて殺されてしまいます。極限

状況におかれた囚人たちは次第に無気力になっていきました。

クリスマスが近づくと「自分たちはこの収容所から開放され、またもとの暮らしを取り戻すことができるかもしれない」といううわさが誰ともなくささやかれるようになり、囚人たちは淡い期待を抱きました。

皆このうわさにすがって解放の日を待つようになります。クリスマスの朝、解放の知らせを待ちわびる人々の耳に届いたのは、「あれはデマだ。自分たちが解放されることはない」という残酷な知らせでした。辛い現実をつきつけられたその瞬間に、収容所のあちこちで悲鳴が上がりました。囚人たちが、ショックのあまり心停止状態になり、ばたばたと倒れて息絶えてしまったのです。一体どうしてこんなことが起こったのでしょうか。フランクルは次のように述べています。

「人間が強制収容所において、外的にのみならず、その内的生活においても陥って行くあらゆる原始性にも拘わらず、たとえ稀ではあれ著しい内面化への傾向があったということが述べられねばならない。元来精神的に高い生活をしていた感じ易い人間は、ある場合には、その比較的繊細な感情素質にも拘わらず、収容所生活のかくも困難な、外的状況を苦痛ではあるにせよ彼等の精神生活にとってそれほど破壊的には体験しなかった。なぜならば彼等にとっては、恐ろしい周囲の世界から精神の自由と内的な豊かさへと逃れる道が開かれていたからである。かくして、そしてかくしてのみ繊細な性質の人間がしばしば頑丈な身体の人々よりも、収容所生活をよりよく耐え得たというパラドックスが理解され得るのである。」

（フランクル『夜と霧―ドイツ強制収容所の体験記録』みすず書房　121～122頁より）

この文章は〝人はパンのみで生きるのではない。想像力を働かせることによって生きる力（レジリエンス）が与えられる〟、ということを私たちに教えてくれるのです。

ナチス・ドイツによってヨーロッパ各地に設置された強制収容所解放から今年（2020年）で、76年目を迎えます。当時、110万人ものユダヤ人たちが虐殺されました。このような歴史は二度と繰り返してはなりません。ベルリンの壁が崩壊し東西ドイツが統一されて今年で31年目になります。旧西ドイツ（資本主義経済）と旧東ドイツ（社会主義経済）の間の経済格差がますます広がる中、ヒトラーを知らない世代の若者が、極右政治運動（ネオナチ運動）に憧れ、ネオナチを名乗り、テロを繰り返しています。未来を担う子どもや若者たちは、見えない未来を見通す力、想像するこころをもたねばならないと思います。子ども時代に想像力を育むのは私たち大人の責任です。私たち自身が想像力を働かせ、子どもの視点に立って子育てや教育に取り組まなくてはならないと思います。

想像は創造の泉

想像力はいつから働き始めるのでしょうか?

2章で述べたように、生後10カ月ごろに、第一次認知革命が起こり、イメージが誕生します。見ている世界に実在しないものを思い出して遊ぶようになると、子どもの頭の中にイメージが誕生し、想像力が働き始めたことがわかります。

見ている世界とは別の世界をイメージするようになると、乳児の遊び方は変わってきます。見立て遊びや延滞模倣が見られるようになります。かつて見た車を思い出して、積み木を車に見立て、「ブーブー」と言いながら敷居に沿って走らせたり、お盆を両手に持って回すようなふりをしたりします。ドレッサーの前で母親がやっていた仕草をまねて髪をとかす仕草（延滞模倣）をしたりもします。

見立て遊びや延滞模倣は、乳児がかつて見たものやこと、経験したものやことを材料にした遊びです。今見ている現実世界にはないものを頭の中に思い浮かべていることの証拠なのです。

目の前の現実とは別のイメージを思い描くためには「素材」が必要です。想像の素材は子どもの過去の「経験」から取り出されるのです。経験は、五官を働かせた「直接体験」や、絵本や図鑑で知った「間接体験」をひっくるめたものです。経験が多いほど豊かなイメージの世界を描きだせるようになるのです。

では想像は経験と同じなのでしょうか？

同じではありません。人が、目の前にある刺激に気づくと、それに似た経験が思い出されます。思い出された経験は、断片的で不完全なものです。その断片をつなぎ合わせたり、脈絡をつけたりするときに、必ず加工作用が起こります。加工の過程で、何か新しいものが付け加わるのです。まさに〝想像は創造の泉〟なのです。

想像と経験の関係を調べるために、「おはなしあそび」の実験をしました。子どもの前に、**図4―1**のような絵カードを並べて、「お話してね」と頼んでみました（内田、１９８６）。このような場面で、子どもたちはどんなふうに語ったでしょうか？　典型例をご紹介しましょう。

２歳５カ月の女児は絵カードを一枚一枚見ながら語りました。

「①うさタン、ピョンピョン、②イテェー、ころんだよ、石、ころんだ（石を指差しながら）、③エーン、エーン、うさタン、エーン」と、自分も泣きまねしながら、語ってくれました。

では、3歳8カ月の女児はどんなふうに語ったでしょうか？

この女児は、語り始める前に、1枚目の絵カードをじっと眺めていました。それから視線を下のカードに動かして、真剣な表情で3枚目を見つめました。急に表情が柔らかくなり、笑顔になって、その視線を1枚目に戻したのです。彼女は、ほほ笑みを浮かべながら、おもむろに、語り始めました。

「①うさこちゃんが、お月さんを見ながら、

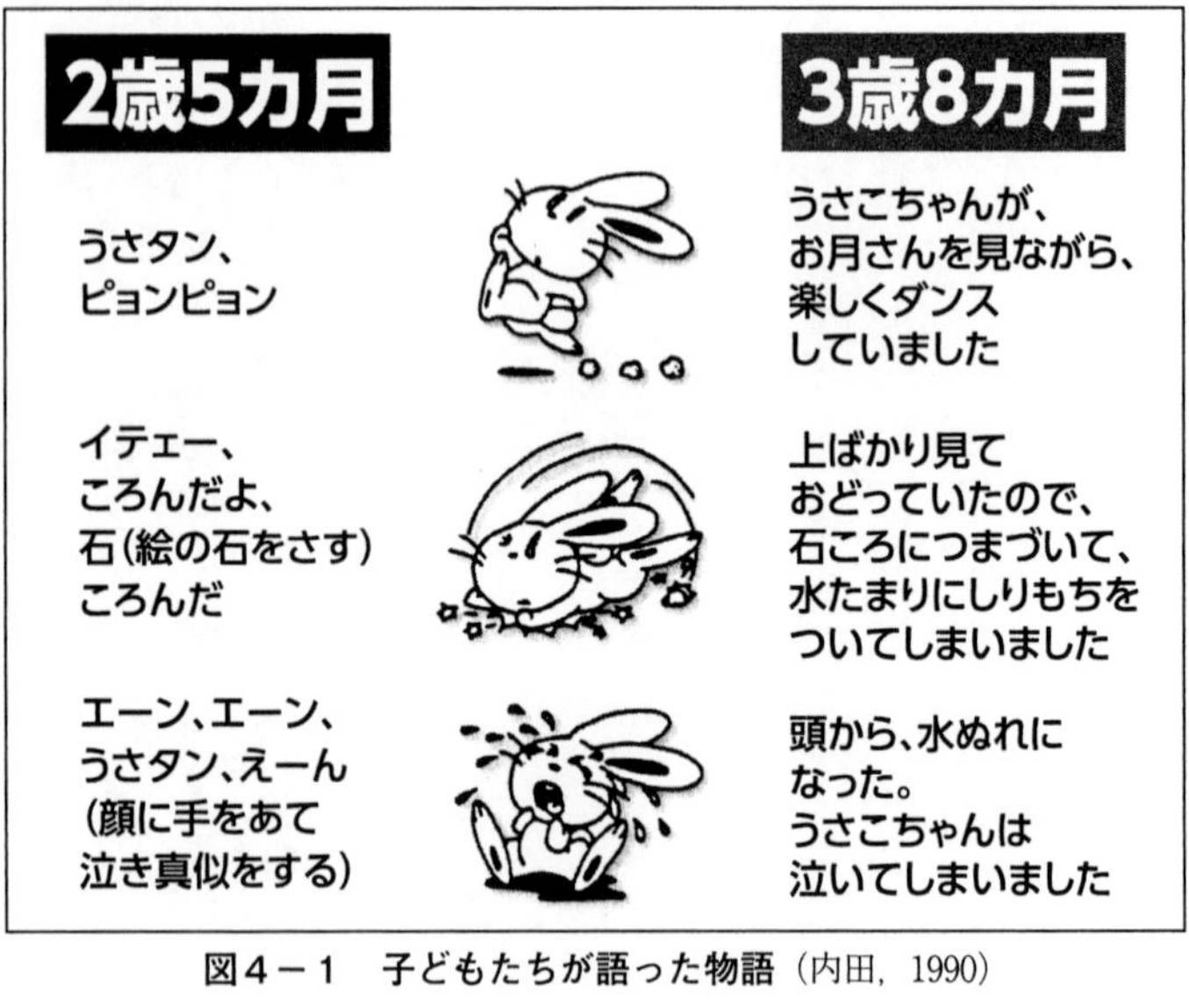

2歳5カ月		3歳8カ月
うさタン、ピョンピョン		うさこちゃんが、お月さんを見ながら、楽しくダンスしていました
イテェー、ころんだよ、石（絵の石をさす）ころんだ		上ばかり見ておどっていたので、石ころにつまずいて、水たまりにしりもちをついてしまいました
エーン、エーン、うさタン、えーん（顔に手をあてて泣き真似をする）		頭から、水ぬれになった。うさこちゃんは泣いてしまいました

図4－1　子どもたちが語った物語（内田, 1990）

楽しくダンスしていました。②上ばかり見ておどっていたので、石ころにつまずいて、水たまりにしりもちをついてしまいました。③頭から、水ぬれになった。うさこちゃんは泣いてしまいました」と語り終えたのです。

彼女の語りのうち、傍線を施した部分は、絵カードには描かれていないことについて語っているところです。想像力を働かせ、絵には描かれていない要素を経験から取り出して、まとまりのあるイメージを描きだし、それを語ったのです。感情はことばにしないと経験や知識にはなりません。ふわふわしたイメージは、ことばにして初めて語った本人自身にも自覚され、可視化されるのです。

以上の二人の語りは、それぞれの年齢児の典型的なものです。2歳台の子どもたちは、見たものをそのままことばにして語ります。しかし3歳になると絵に描かれていないことまで想像して語るようになるのです。このような子どもの語りの変化は、子どもたちの経験が増え、ことばも増えることで起こるものです。

語りの変化の道筋は、イメージを描き、それをことばにして可視化するという想像力の発達過程と軌を一にして進んでいきます。

想像力は「拡散的思考」・暗記能力は「収束的思考」

　では想像力は暗記能力と違うのでしょうか？　ここで想像力と暗記能力の違いを整理しておきましょう。

　図4－2に想像力と暗記能力の関係を示しました。思考（thinking）は収束的思考（convergent thinking）と拡散的思考（divergent thinking）の二つのタイプに分かれます（内田、1990、1996）。

　収束的思考は解が一つ、解に至る道筋も一つという問題を解決するときに働く思考であり、日常語では暗記能力と呼ばれている思考力です。「アメリカの独立宣言が公布されたのはいつですか？」と問われて、覚えた知識を取り出して「1776

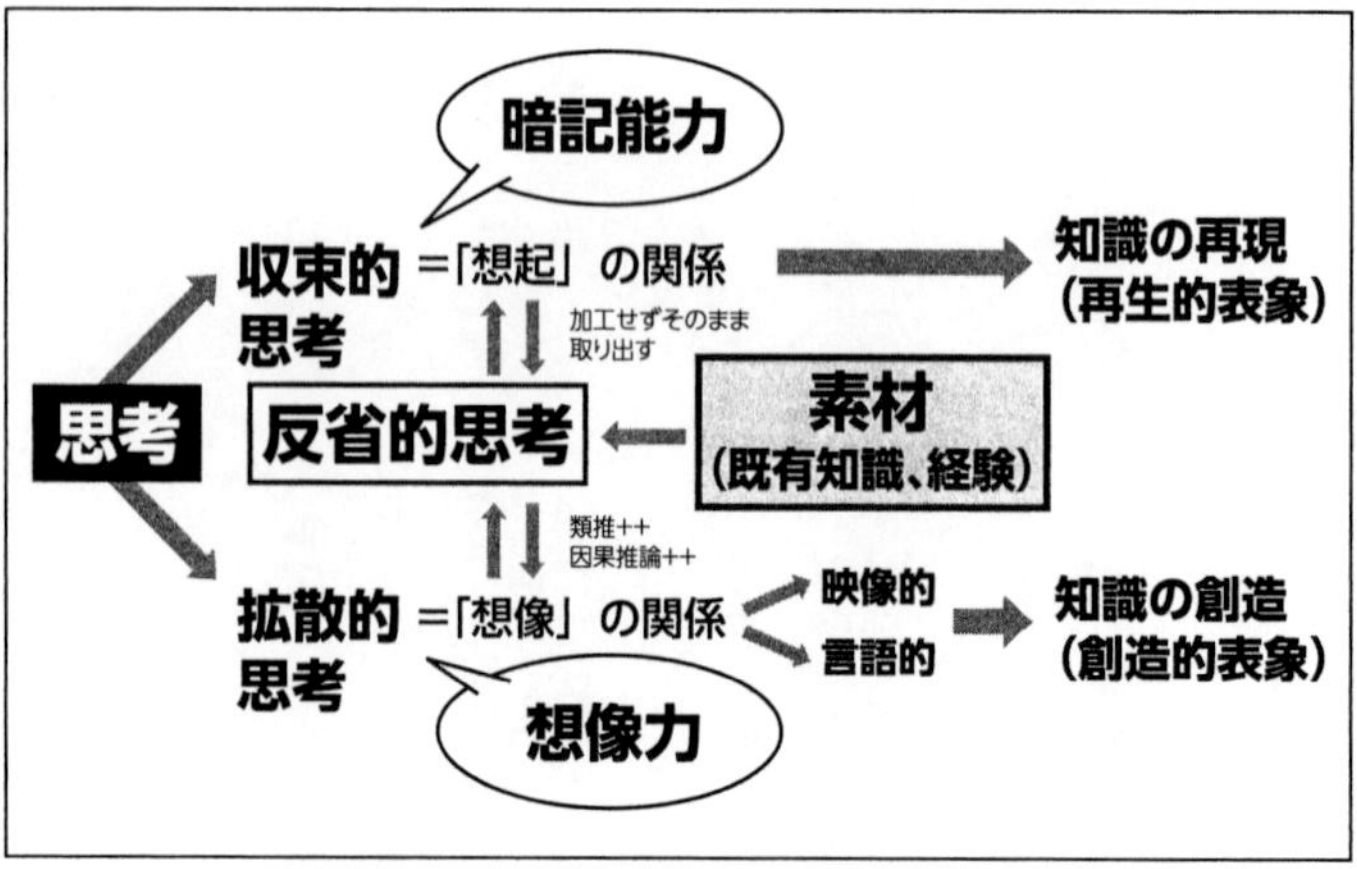

図4－2　「暗記能力」と「想像力」の関係（内田, 1990；1996）

年7月4日」と答えれば正解になりますが、正解を導くためには独立記念日を記憶しておかなくてはなりません。しかし拡散的思考はその場で答えが出ない場合もあれば、「正解」が一つとは限りません。また、正解にたどりつく過程もいろいろあるのです。こちらが、日常語で「想像力」と呼ばれる思考力です。

哲学者の鶴見俊輔さんは、自分で問題をつくって自分で答えを出したのだそうです。どうも答えが決まらないときは、問題をもちこします。もちこしつつ考え続けるというのが鶴見俊輔さんの哲学の仕方であったそうです。鶴見さんは、第二次大戦中、海軍の軍属として南方に送られました。鶴見さんは運よく人を殺さずにすんだのですが、戦後も考え続けた問題があったそうです。その問は、「もし人を殺せと命じられ、逆らえずに殺してしまったとしたら、どうしただろう」というもので、何十年も考え続けたそうです。そして、途中でいろいろな解答が浮かんだそうですが、どの解答にも満足できず、その後も考え続けたそうです。そして晩年になって、やっと満足できる解答が見つかったのだそうです。鶴見さんが長年かかってたどりついた解答とは…?「『俺は人を殺した、人を殺すのは悪い』と一息で言えるような人間になりたい」というものでした。（朝日新聞2015・8・7「余滴」より）

収束的思考も、拡散的思考も、表象（イメージ）を構成する素材となるのは既有知識や経験です。図4－2に示されている「反省的思考」とは過去の知識や経験を振り返り、目の前の情報と関連しそうな素材を取り出してくる精神の働きを指しています。人は、反省的思考を働かせ、イメージの素材として、過去の経験や知識から特に印象の強い断片を取り出してきます。取り出した素材を類推や因果推論の働きによって統合し、まとまりのある表象（イメージ）へとまとめあげるのです。こうして創り出されたイメージをことばやからだ、描画などの表現手段を使って、目に見える形にしていきます。

旧ソビエトの心理学者、ヴィゴツキー（1974）は、想像と経験は相互に依存する関係にあると述べています。経験が豊かであれば想像も豊かになります。しかしそれだけでなく、経験も想像によって豊かになるのです。私たちは他人の経験やはるか昔の出来事、SFに描かれた未来の世界は、「体験」（実際に五官を働かせて得た感覚体験のこと）することはできなくても、想像力を働かせることによって「経験」（感覚入力なしにイメージを構成すること）を豊かにすることができるのです。

私たちが生きていく上で必要なのは、想像力です。私たちが人生のいろいろな時期に出会う課題で、答えが決まっているものはほとんどないと言ってよいでしょう。人は課題に直面すると、そのときどき、よりよい答えを見つけようとしていろいろ考え、想像をめぐらせて答えを導きだそうとします。経験や知識がたくさんあればあるほどよりよい答えを見つけることができるのです。

ですから、経験や知識がたくさんあればあるほど、よりよい解決ができるはずですよね。

語る力の発達――談話文法

想像力が発達すると、体験を組み合わせて語るようになります。乳幼児期に子どもの語る力はどんどん成長します。3歳までに文法が獲得され、テニヲハがついた語りができるようになります。「そして」「それから」「だって」「だけど」「だから」「どうしてかっていうと」などの接続語が使えるようになり、話がまとまっていきます。

5歳後半ごろには第二次認知革命が起こり、大脳辺縁系と前頭葉の言語野（ブローカ野〈ワーキングメモリー〉）とがネットワークをつくり、感情をことば化するようになります。メタ認知やプラン機能も働くようになり、過去と現在、そして未来の時間概念が獲得されるようになります。これと軌を一にして、「談話文法」（起承転結のような文章の展開構造の構成ルール）が獲得されます。語彙も豊かになってくるので、子どもは長い話を語れるようになり、まとまりのある説明もできるようになります（**表4－1**）。

子どもの想像力の発達を明らかにするため、私は「おはなしあそび」の実験に長年取り組んできました。お話遊びに一人ずつ子どもを誘い、「実験室」（幼稚園や保育園は園長室の片隅・小学校は校長室の片隅を借りて急ごしらえの実験室にした）に来てくれた子どもに、絵カードを見せて「お話聞かせてね」と言って語ってもらうのです。

全ての課題を終えたタカコちゃん（5歳10カ月）に、「おはなしあそびはおしまい。お教室に戻ってね」と告げると、タカコちゃんは「わたしね、おはなしつくったことあるよ」と言いました。

その後のやり取りがテープに残っています。

表4－1　語る力の発達；談話文法・語彙・想像力（内田, 1996）

RQ；語り方の特質は幼児期に変化するか？

第一段階；3歳ごろ母語の文法が獲得される。

第二段階；5歳後半ごろ談話文法が獲得される。

「談話文法」（物語スキーマ）

談話・文章の時間的展開を構成する

◆長い語り；事件・出来事を語る

①起承（転）結構造

②常套句・常套の演出技法

私　　「どんなお話つくったの?」
タカコ「星を空に返す方法っていうの」
私　　「えっ。面白そうね。覚えている?」
タカコ「うん、覚えている」
私　　「じゃあ、私にそのお話を聴かせてくれない?」
タカコ「うん。聴かせてあげるね」

と言って、幼稚園年長組の夏休み前の7月に創ったという物語を10カ月後（小学1年生5月）に思い出しながら語ってくれました。

「星を空に返す方法」

7月15日はうさぎさんの誕生日です。
きょうは7月15日。うさぎさんの誕生日だから森の動物たちが集まってきました。そして、みんなで食事をしているときに、ケーキのかげから星が出てきました。星はみんなに言いました。

「ぼくね、空からおっこっちゃったの。だからね、ぼくを空に返して」と言ったら、みんなはびっくりしました。

そこで象は言いました。「おれにまかせてよ」と、象はその星をじぶんの鼻のなかに入れると、いきおいよく飛ばしました。それでも星はおっこってしまいました。

そしたら、こんどはみんなで相談をして、うさぎが言いました。

「そうだよ、ながーい笹をもってこようよ。それに星をのせてさ、そしてさ、また、その笹をさ、のばしてさ、空までさ、おくってあげるのさ」と、うさぎが言うと、みんなは「そうしよう」と言って、笹をとってきました。

そのなかでも、いちばん笹が長いのをとってきたのは、ねずみでした。ねずみは手がゆらゆらになって、すごーく長い笹をもってきました。

みんなでその先に星をのせると、土の中に埋めて一日待ちました。そうすると、その笹は、一日だというのに、ぐんぐん伸びて空にとどきました。そして星は空に帰ることができました。

そして、その誕生日が終ったあと、みんなが、うちで空を見ると、キラキラ光ってるとてもきれいな星がありました。みんなはその光ってる星を、きっと、おちてきた星だと思ったのです。おしまい。

(M・T、5歳10カ月女児)

〔内田（1990、1999）170頁より〕

これはテープに入っていた通りに、そのまま書き起こしたものです。テープの声は、さらに次のように続いています。

私　「これつくったの？」
タカコ　「うん」
私　「いつつくったの？」
タカコ　「池のくみのとき（幼稚園年長組）たなばたのころね、おともだちのお家で絵本づくりごっこして遊んでたとき、書いたの」
私　「池のくみのとき字が書けたの？」
タカコ　「うん、ひらがなとカタカナが少しなら書けたの。この〝星を空に返す方法〟っていうお話は、最初絵が浮かんできたから絵をかいて…それから…ことばが浮かんだの。そして、それから…お話を考えて、それから、字を書いたの」

このやり取りから表象（イメージ）と語りの関係が推測されます。タカコちゃんは、まず、頭に描いた想像の世界を絵に表現したのです。頭の中の表象（イメージ）をことばにしながら、考えをまとめ、ほぼ同時に、ことばをひらがなに置き換えていったことがうかがわれます。

このように、誕生会での出来事、星がケーキの陰から出てくるという事件が起こり、事件の解決に向かって登場人物たちが協力する様子が語られ、最後に、みそっかすのネズミくんがお手柄を立てるお話です。エピソードの展開を、**図4－3**に示しました。

このお話をつくった子だけが特別なわけではなく、5歳後半すぎの子どもたちが語る物語には、こういうすてきなお話がたくさんあります。タカコちゃんは、赤ちゃんのころから絵本の読み聞かせをしてもらって

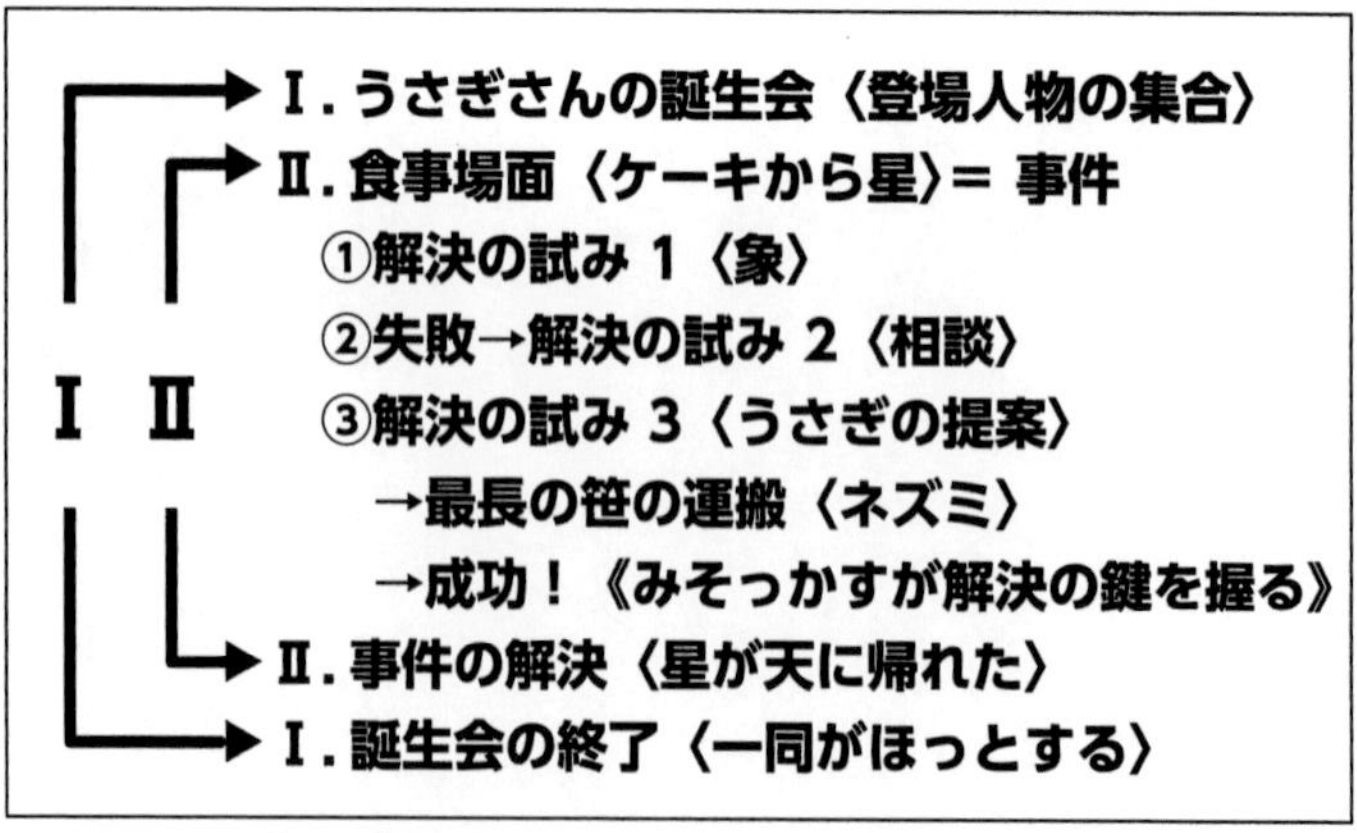

図4－3　「星を空に返す方法」エピソード分析（内田，1990；1996）

いるので、絵本のお話で聞いたことのある演出方法、たとえば「一寸ぼうし」のように「みそっかすが解決の鍵をにぎる」とか、『ブーフーウー』（１９６０年代にＮＨＫで放送された人形劇）のお話のように「３度の繰り返しで事件が解決される」ような語り方をしています。タカコちゃんのように、絵本の読み聞かせ体験の豊富な子どもほど、すてきな物語を語ってくれました。

ファンタジーの演出技法――「カットバック」

タカコちゃんの語りの中の「一日だというのに笹は天まで伸びて」という表現に注目してみましょう。「のに」という逆接の接続助詞は、笹が天まで届く？　こんなことは起こらない。でもおはなしの中だから不思議なことが起こるのだ…「うそっこ」（虚構）の出来事を演出するための表現として使われています。

「うそ」と「ホント」、虚構と現実を行ったり来たりするための演出技法としてカットバックが使われています。

ファンタジーでは、「夢のなかの出来事」という演出技法が使われます。虚構の「夢の中の出来事」と現実が往復できないと、ファンタジーは楽しめません。

宮沢賢治の『銀河鉄道の夜』では、ジョバンニが親友のカムパネルラと銀河鉄道に乗って不思議な旅をします。この体験は夢の中の出来事でした。それを示すのが次の部分です。「ジョバンニは眼をひらきました。もとの丘の草の中につかれてねむっていたのでした。胸は何だかおかしく熱《ほて》り、頬にはつめたい涙がながれていました」……と、ここで、聞いていた子どもは時間を一旦ストップします。「え、ジョバンニは眠っていたの。銀河に行った夢を見ていたのか。いつから眠っちゃったんだろう」……記憶を巻き戻します。

「ああ、そうだ。病気のお母さんのために牛乳を買いに行ったんだっけ。牛乳屋のおじさんがいなかったから、そばの草むらに仰向けに寝転んで、おじさんの帰りを待っていたんだ」。

ジョバンニが寝転んで空を見上げると、やがて、満天の星空から汽車*がやってきて、ジョバンニはその汽車に乗り込みます。そうしたら、親友のカムパネルラも乗っていました。ジョバンニは幸せな気持ちでプリオシン海岸など、美しいところを旅してまわります。やがてサウザンクロス駅で大半のお客さんたちは汽車を降りていってしまいます。ジョバンニはさびしい気がして、「カムパネルラ、僕たち一緒に行こうねえ。」と言いながらふりかえると、もうそこにはカムパネルラの姿はありませんでした。この作品は、イギリスの豪華客船のタイタニック号が氷山に衝突して沈没してしまった事件（1914年4月15日の深夜）で亡くなった乗客たちを天国に運ぶ汽車という設定で描かれたものです。

この作品には、カットバックが実に巧みに使われています。カムパネルラが電車から降りて行った時間は、物語の現実時間では、いじめっ子のザネリが川で溺れそうになるのを助けようとして、カムパネルラが自ら飛び込んでザネリを助け出し、しかし、力尽きて、カムパネルラ自身は亡くなってしまった、その時間に一致させているのです（**表4－2**）。

宮沢賢治の作品にはメッセージ性の高いすばらしい作品が多いので、お子さんが小学校高学年になったころに、ぜひお父さんやお母さんが、味わいながら読み聞かせていただきたいと思います。

＊　ジョバンニ「この汽車、石炭をたいていないねえ」、カムパネルラ「アルコールか電気だろう」という会話があることから、この汽車は「蒸気機関車ではなく、「電車」である。東北初の電車、花巻電鉄がモデルであると言われている。

表4－2　ウソとホントの関係づけ；カットバックファンタジーの演出方法（内田，1996）

「夢の中の出来事」異次元世界へワープする方法

◆宮沢賢治『銀河鉄道の夜』

ジョバンニが親友のカンパネルラと銀河鉄道に乗って不思議な旅を体験する。この体験は夢の中の出来事である。

> ジョバンニは目を開きました。もとの草の中につかれて眠っていたのでした。胸はなんだかおかしくほてり、頬にはつめたい涙が流れていました。

★タイタニック号沈没事故〔1912年4月15日の深夜〕

(乗客・乗員2,224名；死者1,513名；生存者771名)英産業革命真っ只中)

初校執筆1924年頃・没後草稿発見 ⇒ 初出版は1934年(昭和9年)

日本語談話の構造はカットバックが苦手

3章でもご紹介したバイリンガル教育の実験を再度ご紹介しましょう。日本語談話の構造の特徴は、物事が起きた時系列で述べる「時系列因果律」(And-then reasoning)です。スタンフォード大学の附属幼稚園や附属小学校の子どもたちに協力してもらい、英語を習得する過程を調査する中で、いろいろなテストで英語の習得度を調べてみました。「字のない絵本」に話をつくって語ってもらうという課題を課したことがあります。その課題では絵本の内容を理解させた後、母語と英語の両方で話をつくってもらい、語ってもらいました。

『かえるくんどこにいるの?』という絵本では、カエルが逃げ出す場面(95頁掲載)で、日本語や韓国語を母語とする子どもは、幼児も児童も「男の子と犬がベッドで眠っていた。そしてカエルがこっそり逃げ出した」というように時系列因果律の「そして」でつなげていきます。それに対して英語、それから、インド・ヨーロピアン語系(フランス語やドイツ語など)が母語の子どもは、「カエルがこっそり逃げ出した。どうしてかというと、男の子と犬が眠りこけていて音に気づかなかったから」などと、「○○だった。なぜなら、どうしてかというと、○○だったから」という「結論先行の因果律」(Why-so-because reasoning)で語ることが多かったのです。日本語母語話者は時系列因果律、英語母語話者は幼児も児童も結論先行の因果律を使って、論拠を説明するような語り方になります。

作文の日米比較

教育社会学者の渡邉雅子さんは、小学校5年生の歴史の授業を日米で比較しています。教室談話は日米で興味深い違いが明らかになりました（渡邉、1998／2006）。

アメリカの教師は歴史的事実を時系列で講じた後、因果律でなぜかを説明させディベートにもちこむのだそうです。教室では、why, so, because などのことばが飛び交い、先生も子どもも活発に討論します。一方、日本の教師は、歴史的事件を時系列で説明し、あとは、覚えさせて知識の定着をテストで確認する授

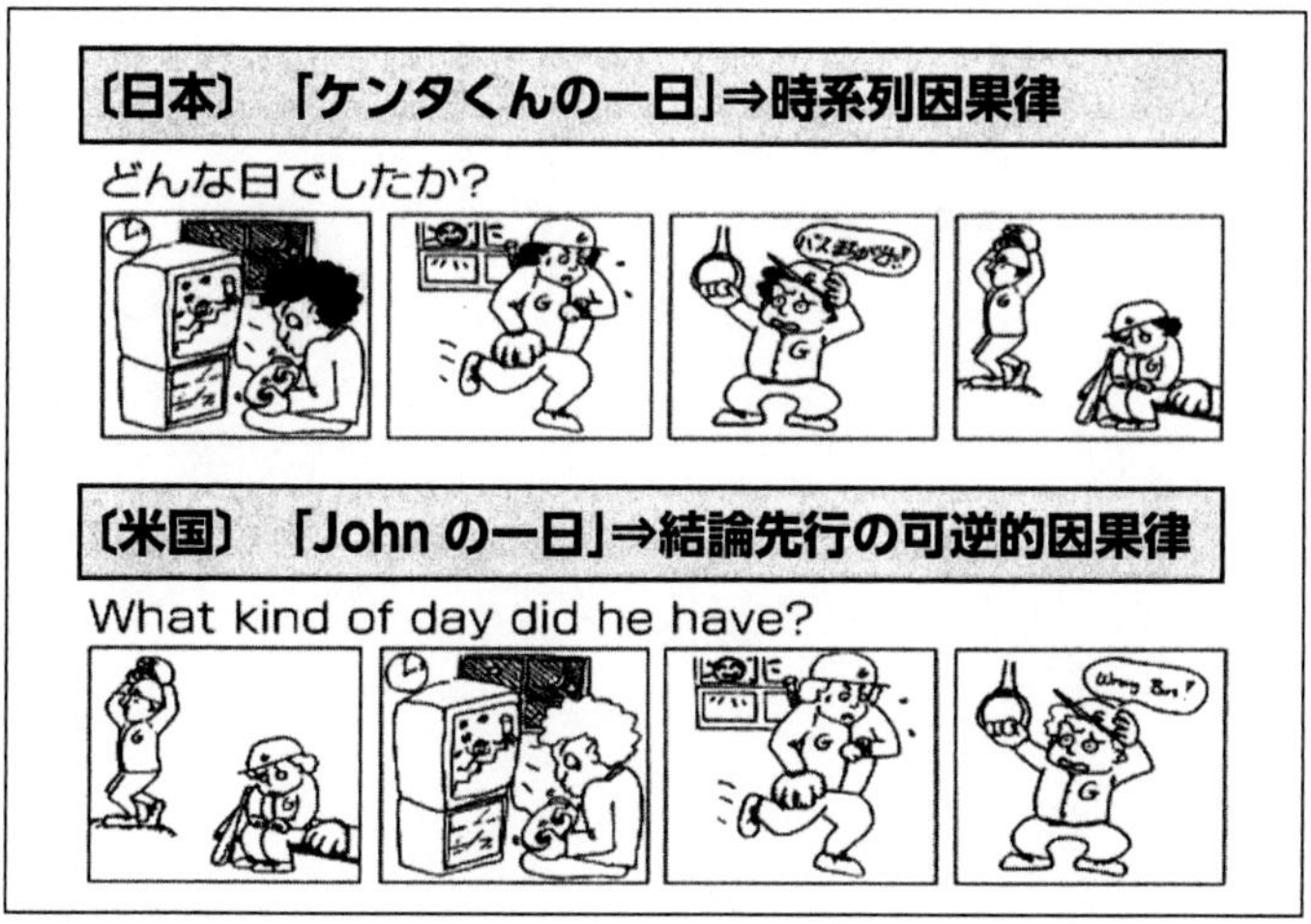

図4－4　小学5年生の4コマ漫画の作文構造の日米比較
（渡邉，1998/2006；内田，1999 より）

業でした。教室では、先生が「そして、それから、○○だった」という表現を使って説明していきます。子どもは静かに先生の説明を聴き、板書するのです。

教室談話が日米でまるで違うことから、子どもの作文構造に影響が見られるのではないかとの疑問をもち、渡邉さんは日米の5年生に4コマ漫画（**図4-4**）を使って作文を書いてもらいました。

私も、渡邉さんと同じ4コマ漫画を使ってスタンフォード大学の小学生に作文を書いてもらいました。渡邉さんと同様、作文構造は日米でまるで違うという結果がもたらされました（内田、1999）。

日本の子どもたちは、時系列因果律で作文を書きました。また最後に、教訓を付け加える子どもも多かったのです。

①ケンタくんは夜遅くまでビデオゲームで遊んでいた。②そして（and）、翌朝は寝坊してしまった。あわててバス停まで飛び出していきました。③それから（then）、バスを乗り間違えてしまいました。④やっと球場に着いたときには、すでに、試合は始まっていて、終わりに近づいていたので、ケンタくんは試合に出られず、しょんぼりしています。（この後、日本の小学生は「教訓」を付け加え

ることが多かったのです。）だから、行事の前には、夜ふかししたら、いけません。

（スタンフォード大学心理学部附属小5年　タカシ）

一方、アメリカの子どもたちは、4コマ漫画をパッと眺めた後、最後のコマをじっと見ていました。その最後のコマについて最初の文を書き始めます。アメリカの子どもたちの書いた作文は結論先行型構造作文でした。①のトピックセンテンスと④の結論が同一の内容や表現になることも共通していました。

①ジョンにとってはこの日はとても不運な一日でした。なぜ（why）不運だったかというと（because）②前の晩、遅くまでゲームで遊んでいました。そこで（so）朝寝坊してしまいました。③あわててバス停に急ぎましたが、おまけに、バスを乗り間違えてしまいました。③遅刻したため野球の試合に間に合わず試合に出られなかった。④そこで（so）、ジョンにとってこの日はとても不運な一日だったのです。

（スタンフォード大学心理学部附属小5年　マーク）

物語を口で語るだけではなく、作文を書くときにも談話構造に違いがあるのはなぜでしょうか？

欧米ではキンダーガルテン（幼稚園年長組に該当する）から小学校3年生くらいまでは、Show and Tell（サークルタイム）の時間に、言語技術（Language Arts）を教わります。そこで、パラグラフ（段落）の構成の仕方や、論拠をあげて説明する討論（ディベート）の弁論術を学びます。またエッセイには結論先行型談話の作文教育も行われています。

「可逆的な操作」は何歳から使えるか？

認知心理学の分野では、出来事の結果を見て、何が原因かを推測することを「可逆的操作」と呼んでいます。この可逆的操作は、原因と結果の関係、つまり因果関係を推論する精神操作のことです。いつから働き始めるのかについてはさまざまな説があります。

まず、スイスの発達心理学者のピアジェは、カットバックが使われた物語を子どもに聞かせて語りなおしてもらいました。7、8歳くらい、あるいは小学校3年生くらいから筋がごちゃごちゃにならずに再話できたという研究を発表しています。

ドイツの哲学者のカントは、私たちは、出来事を因果の関係で理解しようとすると述べています。生まれつき、前の出来事が原因で後の出来事が起こったとみなす心的な推論枠組み、「因果スキーマ」をもっているからだと主張しました。

アメリカの発達心理学者のスペルケは、生後4カ月くらいになると、物事を前から後ろへという順序で捉え、因果関係で捉えられることを証明する実験を発表しています。

私は子どもたちがファンタジーを好むことをよく目にしてきました。たとえば子どもたちに人気がある、センダック作の『かいじゅうたちのいるところ』や、かこさとし作『むしばミュータンスのぼうけん』などにはカットバックの演出が使われていて、むしばのミュータンスが活躍する口の中と歯磨きが嫌いな男の子の生活世界が描かれています。カットバックが使われている絵本を好むということは、カットバックの技法がわかっているからではないかと思われます。

2章で述べたように5歳後半すぎに第二次認知革命が起こると、物語の展開を構成する枠組みである「談話文法」が獲得され、起承転結で筋が展開する話を語ってくれるようになります。時間概念は5歳後半すぎに獲得されるので、過去のことだけではなく、まだ見ぬ未来を想像したり、プランを立てたりすることもできるようになります。

そこで、私は5歳ごろから可逆的操作が働くのではないかと考え、ピアジェが使ったよりも単純な材料、①「前に起こった出来事」と②「後に起こった出来事」という場面をつなげて話をつくってもらうことにしました。

二つの場面（出来事）をつなげるときに、後ろ（結果）から前（原因）へさかのぼってつなげられるのは5歳後半すぎではないかという仮説を立てました。

まず、原因と結果を順番通りにつなげて、

「マサオちゃんが大きな石につまずいて転んでしまいました。そして、血が出て泣いています」（図4―5a）。

次に、結果を先に述べて、原因にさかのぼって理由を付け加えるのです。

「マサオちゃんはケガをして泣いています。なぜなら、大きな石につまずいてしまったからです」（図4―5b）。

いろいろな絵カードを使い、二つの出来事をつなげてもらいました。その結果、3歳児で

図４－５ａ　【時系列因果律】順向条件　（内田，1985）

図４－５ｂ　【結論先行の因果律】逆向条件　（内田，1985）

T・I：「うーん、ほんとうは芽からアサガオになるんだけど…」
内田：「そうね、だけどこっち（②を指して）の絵からは作れない?」
T・I：「うーんと…、アサガオが、小さくなって、芽になった」

(T. I　5歳5カ月)

図4－6a　出来事の順番を時系列に変えてしまう　（内田，1985）

S・T：「こっちから?…」（①を指す）
内田：「こっち（②を指す）からお話してみて」
S・T：「うーんと…、（②を見て）アサガオが咲きました。
アサガオが咲いて　種ができたので、種をまいたら、また
(①を見て）芽がでました」

(S. T　5歳10カ月)

図4－6b　出来事の順番を時系列に変えてしまう　（内田，1985）

も原因から結果へと時系列につなげることは簡単でした。しかし、結果から原因にさかのぼって可逆的につなげることは5歳児にとっても難しかったのです（例：「あさがお」課題：図4－6a、図4－6b）。

幼児期には可逆的操作は使えないのだろうかとあきらめかけたとき、私はあることを思い出しました。2歳代の終わりごろから、子どもは「だって、さっき○○したから」「だって△△だもん」という表現を使うようになります。母親に反抗する場面や告げ口するときの口調を、この実験場面で思い出してもらうことにしました。

「お人形さん」の絵カード（図4－7）を指しながら、

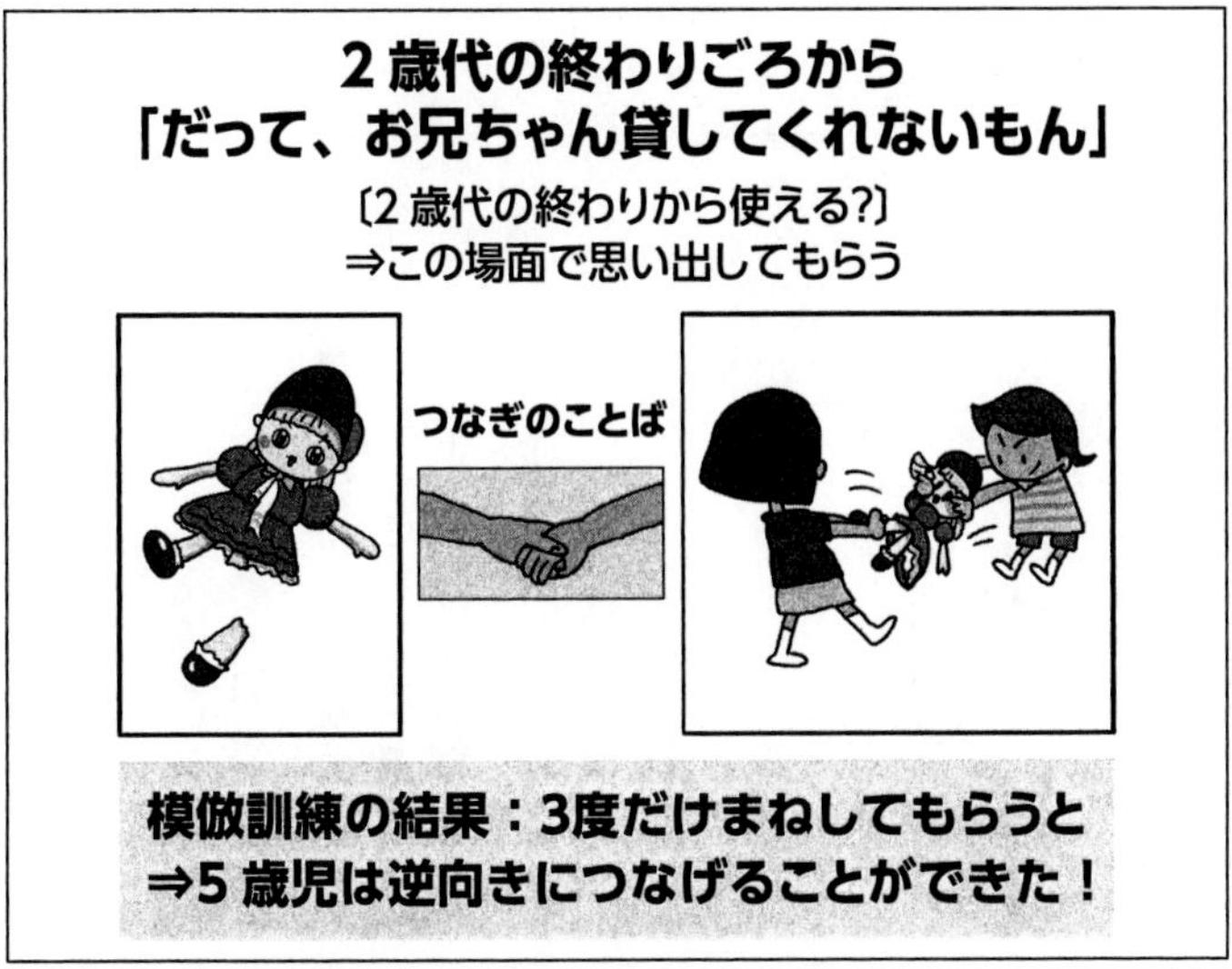
2歳代の終わりごろから
「だって、お兄ちゃん貸してくれないもん」
〔2歳代の終わりから使える?〕
⇒この場面で思い出してもらう
つなぎのことば
模倣訓練の結果：3度だけまねしてもらうと
⇒5歳児は逆向きにつなげることができた！

図4－7　5歳児は結論先行の因果律で説明できた（内田，1985）

「お人形さんの足がとれちゃった。だって、さっき、ミヨちゃんとマリちゃんが、両方から引っぱり合いっこしちゃったから」

というように、「『だって、さっき○○したから』とつなぎのことばを入れると、①が前に起こったことで②が後で起こったことという順番を変えず、②からつなげられるよ、まねしてみて」と言って、子どもに3回まねしてもらいました。

その結果、5歳後半の子どもは全員、可逆的につなげることができました。仮説は検証されたのです（図4－8）。こうして日本の子どもも幼児期の終わりごろには、可逆的操作を使えるようになることがわかりました。幼児期の終わりには、ウソ（虚構）とホント（現実）を区別して、「夢の中の出来事」「うそっこのお話」を語ることができま

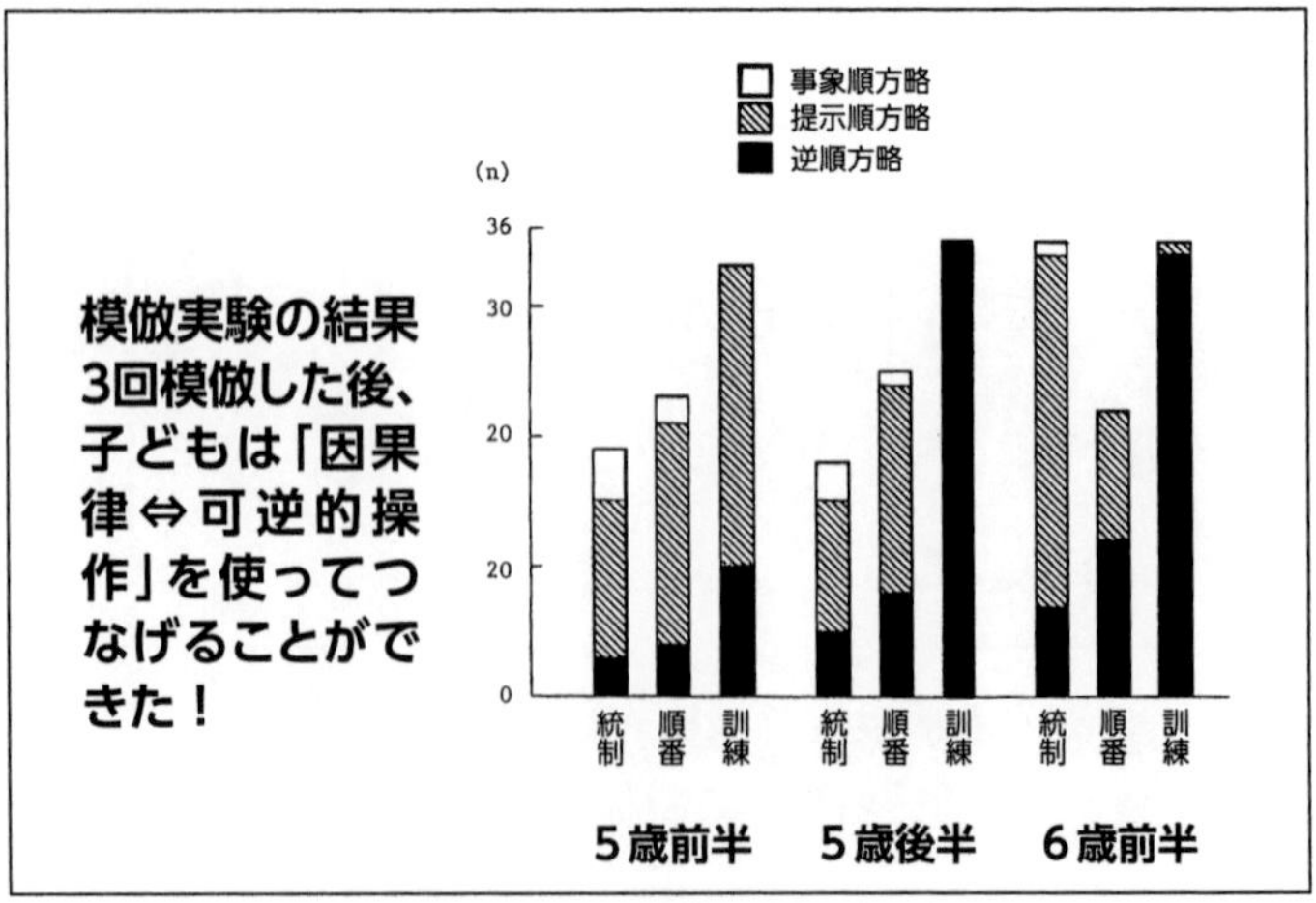

図4－8　5歳後半から可逆的操作が使える（内田，1985）

すし、カットバック技法が使われているファンタジーの面白さがわかるようになるのでしょう。

子どもの質問に答えない

子どもの想像力を伸ばすために大人は何ができるでしょうか？　答えはズバリ、子どもの質問には答えないことです。答えを与えず、一緒に考えることです（表4－3）。

5歳ごろから、子どもは「WHY（なぜ）質問期」に入ります。「どうして？」「なぜ？」という質問をすることが多くなりますよね。このとき親や保育者は答えを与えてしまいがちです。しかしすぐに答えを与えるのはちょっとお待ちください。

お子さんが「どうしてお風呂に入ると手は軽くなるの？」とか「なぜお鼻はにおいをかげるの？」という「WHY（なぜ）質問」をするようになったら、親や幼稚園や保育園の

表4－3　大人は子どもの質問に答えない

5歳すぎから、子どもはWHY質問をするようになる。親や保育者は子どもに回答や解説を与えず、「どうしてなんだろうね」「なぜかしらね」と返す
⇒子どもが対案を出してくる
⇒大人は「そうなんだろうね」「よく考えたね」と共感的に受け止める
⇒論拠や根拠をあげて説明する力が育つ！

先生方は、答えや解説を先回りして与えてしまわずに、「どうしてだろうね？」「なぜかしらね？」と子どもに質問を返してみてください。

すると、子ども自身が「対案」を出してきます。「だってさ、お風呂ってあったかいじゃない？だから下から手をもちあげているんじゃない？」「お鼻に小さな小人がいてね、〝あっ、ゆずの香り〟とか〝バラのいい匂い〟なんて脳に教えているんじゃないかしら⁉」などと考え出します。この対案を聞いたら、「ああ、そうかもしれないね。よく考えたね」と褒めてあげてください。このような会話を繰り返すうちに、子どもの考える力、想像するこころが自然に育っていきます。

子どもに代わって大人が考えてしまったら、子どもの考える力は育ちません。子どもに代わって大人が想像してしまったら、子どもの想像力は育たないでしょう。大人の親切は、子どもにとっては「迷惑！」ですから、大人は、子ども自身に考えさせ想像させてあげてください。大人の、子どもの将来を見通した援助に支えられて、子どもは考えたり想像したり、判断する力を育んでいくのです。

ではケイコさんのご相談にアドバイスしましょう。

ケイコさんへ

1年生のお嬢さんは、4歳の妹さんとお人形さんごっこをするのが好きなのですね。また、つくりばなしも語って聴かせてあげているということですね。ちっとも遅れているわけではありません。お人形さんごっこをしているときのお姉ちゃんと妹さんの語りにご注目ください。生活経験が豊富なお姉ちゃんのセリフには妹さんが初めて聴くようなセリフが混じっているはずです。ごっこ遊びをしながら経験を思い出して筋道をつけているのです。お嬢さんのつくりばなしに耳を傾けてみてください。前よりも、まとまった話になっていないでしょうか？　妹さんにつくりばなしをしてあげることもお人形さんごっこと同じで、自分の経験を追体験しながら、経験を整理しシミュレーションしているのです。聞き手がいれば、そして熱心に耳を傾けてくれるなら、語りはいっそう上手になるでしょう。姉妹が仲良く遊んでいるのはとてもうれしいことですよね。お嬢さんは学校に行くのも嫌がらないということですから、先生やお友達と楽しくおしゃべりしているのでしょうね。ケイコさんにも学校で起こったことを話してくれることがあるでしょう。そんなときには、お嬢さんのことばに熱心に耳を傾け、共感してあげてください。子どもと一緒に過ごす時間はとても短いのです。あっという間に成長し、自立していきます。今はお子さんと過ごせるかけがえのないときなのですから、お子さんたちと一緒に過ごせる今の時間を大切にしてくださいね。

何よりも、お嬢さんたちの一日いちにちの成長を喜びながら。

5章

非認知スキル

ウェッブ子育て相談室に寄せられたメールから始めましょう。

リカさんのご相談

ノブコ先生

小学４年の息子についてご相談します。先日、息子の部屋を掃除していたら、ゴミ箱にクシャクシャに丸めた紙が入っていました。しわを伸ばしてみたら、なんと25点という点の算数のテストでした。息子は、幼稚園のときから公文塾に通っていたため、計算は速く正確でした。小学校に入ってからも算数は得意で、算数のテストにいつも満点か90点、うっかりミスをしたときでも、80点くらいを取っていました。算数の計算ドリルにも自分から進んで取り組んでいました。１００点を取ったテストを得意げに見せてくれましたし、うっかりミスをして80点だったときにも「ちょっと失敗しちゃった。次は１００点取るようがんばるからね」と言っていました。ところが４年生になってからは、算数のテストだけではなく他の科目のテストも見せてくれなくなったのです。２学期ごろからは、計算ドリルにも取り組まなくなってしまいました。私立中学を受験させようと考えて、受験塾にも行かせたいのですが、今の息子の様子をみると、中学受験に実績のある受験塾にも合格できないのではないかと思え、心配で

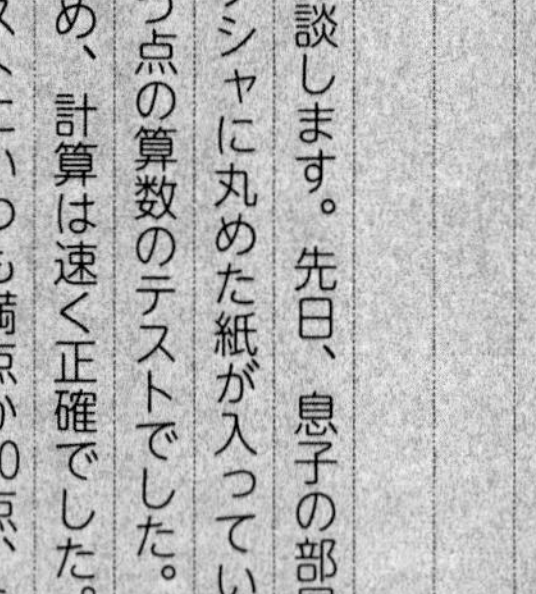

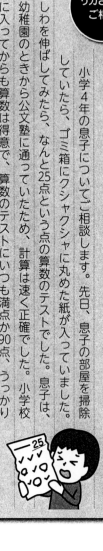

たまりません。息子は幼稚園のころからゲームが好きで、自分の部屋でもゲームをしているようです。このままでは小学校の勉強にもついていけなくなるのではないかと心配しています。ノブコ先生、アドバイスをいただきたいと思います。どうぞよろしくお願いします。

〔市川市在住、リカさん〕

このお子さんは、「9歳の壁」に遮られてしまい、今までの学び方が通用しなくて戸惑っているのかもしれません。リカさんにアドバイスする前に、小学校3～4年にかけて子どもたちの前に立ちはだかる「9歳の壁」について解説しておきましょう。

9歳の壁

日本の子どもの学力が低下していることはマスコミなどでも何度となく取り上げられています。その中でも教育現場で特に注目されているのが「9歳の壁」です。暦年齢で9～10歳に起こる学習困難児の出現を指しています。

この十数年に、授業時間が減り、学習内容も易しくなっているはずなのに、学校の勉強についていけない子どもが小学3～4年生にかけて急激に増えているのです。

なぜこの時期の子どもたちの前に壁が立ちふさがってしまうのか、あるいはそう感じてしまうのでしょうか？

この時期には、2章で取り上げた認知発達の劇的な変化——「第三次認知革命」（図2－2：本書55頁掲載）が起こります。学校での学習内容も、一気に難しくなります。幼児期から小学校低学年にかけては、自分の五官を使って体験した具体性のある範囲内での楽習でしたが、この頃から「抽象的思考」という新たな考え方が求められます。

子どもたちはこの変化に戸惑います。たとえば、算数ならば「今までの学習は両手の指を使えばなんとか数えることができたのに、どうもそのやり方ではうまくいかない」「九九を唱えるだけでなく、『位どり』とか『分数』とか『割合』とか、初めて聞くことばだ」「今までとはちょっと違う。別のやり方でないと解くことができないみたいだ」などと戸惑い、頭が働かなくなってしまうのです。

五官を使ってたくさん体験を積み重ねた子どもは、その具体的体験と抽象的思考がうまく結びついて、早いうちに理解できることもあります。しかし中には、どうしても具体と抽象を結びつけるのに苦戦して、足踏みしてしまう子どももいるのです。これが、いわゆる「9歳の壁」の正体なのです。

9～10歳にかけて「第三次認知革命」による認知発達上の変化は、脳の働きの変化に伴うのです。2章で解説した通り、前頭連合野のシナプスが増え、意志や判断力、倫理意識が芽生えてきます。幼児期の終わりに出現したメタ認知機能（自分や周りの出来事を振り返り、客観視する力）はいよいよ活発に働くようになります。

スイスの発達心理学者ピアジェは8歳ごろまでを「具体的操作段階（concrete operational stage）」と呼んでいます。具体的操作段階の子どもは具体的で直観的かつ感覚的に利用できる事物の操作で問題を解決します。たとえば、学校から家への順路はジェスチャーを交えながら説明できます。しかし、道路や目印などを配置した地図に描いて説明することはまだ難しいのです。9～10歳ごろから、記号や数式、抽象的な概念を使って抽象的・形式的に対象を捉える「形式的操作段階（formal operational stage）に入ります。経験的事実を考えるだけでなく、それらを記号化し、論理的に考える段階へ移行していきます。

認知発達の変化と歩調を合わせて、学校の教科学習も一段と難しくなり、3桁の掛け算や割り算が出てきたり、実際に見たり触れたりできるものばかりではなく、想像するしかない世界についても学ぶようになります。具体性のない記号や数式を使って抽象的な思考活動が求められるのです。大人へ向かうための大きな一歩を踏み出すわけですから、そのハードルは決して低くなく、「壁」として子どもの前に立ちはだかります。ここで述べておきたいのは、抽象的な思考は、乳幼児期～児童期初期に蓄積した五官を働かせて得た直接体験や知識の裏づけが必要だということです。つまり、遊びや生活を通して、いろいろな場所に行き、いろいろ見聞きし、たくさんの体験を積んでいれば、具体的体験と抽象的思考を結びつけるのはそれほど困難ではありません。逆に、直接体験を積むことができなかった子どもにとっては、それは果てしなく難解な作業なのです。今の日本の小学生たちには、乳幼児期からゲームにはまり、五官を使った直接体験や生活知識が乏しいという問題があります。早くから学習塾に通って、いや、親に通わされて、「算数は計算問題が速く解ければよい」「国語は読み書きができればよい」という誤った思い込みも、具体的思考から抽象的思考への移行を困難にさせているのです。

一つ例をあげましょう。3年生では図形としての「三角形」を学びます。ただ、典型的な三角形（正三角形）しか見たことのない子どもは、この抽象性と実際の三角形のつながりがなかなか理解できないのです。

もちろん「辺が三つあって、角が三つあるのが三角形」という、ことばは理解してくれます。実際にたくさんの三角形に触れていなければ、図形としての三角形とはなかなか結びつかないのです。

家で家族と一緒におにぎりをつくったり、きょうだいや友達と折り紙で遊んだり、絵を描いたりなどの体験の中でさまざまな三角形に出合っていれば、抽象的な「三角形」という概念が認識できるのです。

もう一つ、私が見学させていただいた算数の授業の例をあげたいと思います。4年生の1学期、地元では算数教育のベテラン先生と評判の高い先生が子どもたちに3桁の割り算を解かせていました。早く正解を出した子どもたちが褒められました。次に、先生は文章題を解かせました。

「はなこさんは、大きな水槽に金魚を64匹飼っていました。水槽の水が濁ってしまったので水を入れ替えなくてはなりません。まず金魚を別の水槽に移し替えてから、水槽の水を入れ替えることにしました。しかし、はなこさんのお家には、大きい水槽がないので小さい水槽に移し替えることにしました。小さい水槽には金魚は5匹しか入りません。小さい水槽はいくつ必要でしょうか?」

子どもたちは、競って割り算を解きました。計算問題が一番だった子どもは、〔けいさん64 ÷ 5 ＝ 12…余り4　⇒だから、小さい水槽は12個必要です。〕と答案用紙に記入し、「できました」と先生に提出しました。先生は「よくできたね。一番だね」と花マルのハンコをペタンと押しました。その子どもは得意げに、鼻高々で自分の机に戻りました。

私はこの授業を見ていて本当に驚きました。先生自身が「文章題」がわかっていないのではないかと思ったのです。子どもたちの前で先生に恥をかかせてはいけないので、授業終了後、「先生、まずいのではありませんか。余った金魚4匹は死んでしまいます。金魚を死なせないためには水槽は13個必要ですよね」と申し上げたのです。その先生は私のことばにびっくりされ、「割り算の数式がきちんと書かれていたので花マルにしてしまいました」と困った表情をされました。

以上から、遊びや生活を通して、五官を使った体験が多ければ多いだけ、その後の「伸びしろ」が大きくなっていきます。ここで大事なのは、お母さんやお父さん、先生や仲間たちと一緒に体験すること、そして、会話すること、日々の生活を楽しむことなのです。

「PISAショック」再び!?

ＯＥＣＤ（経済協力開発機構）が、３年毎に、義務教育の終わりに実施する国際学習到達度調査（ＰＩＳＡ）の結果を見ると、日本の高校生は論理力や記述力を必要とする課題の成績が悪く、これまで先進諸国では最下位の成績をとっていました。

２０１９年12月４日の新聞各紙では、２０１８年度のＰＩＳＡ調査の結果を発表していました。ＰＩＳＡは「読解力」「数学的リテラシー」「科学的リテラシー」からなります。**表5－1**に示した通り、日本の読解力テストの結果は３年前よりさらに低下していて、79総参加国・地域の中で15位でした。

では日本の読解力は本当に下がったのでしょうか？　お茶の水女子大学教授で国際教育開発学者の浜野隆さんは次のようにコメントしておられます。

表5－1　PISA2018の国際比較（トップ20：3分野の結果一覧）

PISA 2018の3分野のトップ20

	読解力	数学的リテラシー	科学的リテラシー
1	北京・上海・江蘇・浙江（555）	北京・上海・江蘇・浙江（591）	北京・上海・江蘇・浙江（590）
2	シンガポール（549）	シンガポール（569）	シンガポール（551）
3	マカオ（525）	マカオ（558）	マカオ（544）
4	香港（524）	香港（551）	エストニア（530）
5	エストニア（523）	台湾（531）	日本（529）
6	カナダ（520）	日本（527）	フィンランド（522）
7	フィンランド（520）	韓国（526）	韓国（519）
8	アイルランド（518）	エストニア（523）	カナダ（518）
9	韓国（514）	オランダ（519）	香港（517）
10	ポーランド（512）	ポーランド（516）	台湾（516）
11	スウェーデン（506）	スイス（515）	ポーランド（511）
12	ニュージーランド（506）	カナダ（512）	ニュージーランド（508）
13	アメリカ（505）	デンマーク（509）	スロベニア（507）
14	イギリス（504）	スロベニア（509）	イギリス（505）
15	日本（504）	ベルギー（508）	オランダ（503）
16	オーストラリア（503）	フィンランド（507）	ドイツ（503）
17	台湾（503）	スウェーデン（502）	オーストラリア（503）
18	デンマーク（501）	イギリス（502）	アメリカ（502）
19	ノルウェー（499）	ノルウェー（501）	スウェーデン（499）
20	ドイツ（498）	ドイツ（500）	ブルギー（499）
	OECD平均（487）	OECD平均（489）	OECD平均（489）

※カッコ内は国・地域の平均得点

「日本の読解力は、本当に下がったのだろうか。結論を先に言えば、順位は必ずしも急落とは言えないが、得点は有意に低下している。まず、順位についてであるが、報道で言われている「15位」は、全参加国・地域（79か国・地域）のなかでの順位である。PISAの総参加国・地域数は毎回変動するため、順位の推移をみるときはOECD内での順位（前回6位、今回11位）に注目したほうがいい。また、PISAは標本調査であるため、標本誤差は避けられない。よって、順位は確定的なものではなく、一定の範囲内におさまるものと考えたほうがいい。そうすると、日本のOECD内の順位は、前回（2015年）は、「3～8位」、今回（2018年）は、「7～15位」の範囲である。前回は8位だったかもしれず、今回は7位だったかもしれないことを考えれば、今回の順位が、「急落」とまではいえないことは明らかである。」

［浜野（2020）42～51頁より］

文部科学省は、読解力低下の原因について次のようにまとめています（文部科学省、2019）。

第1に、生徒側の要因として、①生徒の関心や意欲、つまり、非認知能力が低下したこと、②自由記述の回答状況を見ると白紙答案が多いこと、③課題文の内容に関する既有知識や経験が乏しく、課題文で述べられている情景や状況が理解できないこと、④コンピュータ画面上での長文読解に慣れていないこと、の4つをあげています。

第2に、問題側の要因として、①構成やテーマが日本文化社会に適合的ではないこと、②テキストの種類が日本の教育で扱っていないものであること、さらに、③翻訳が不自然で日本語としてこなれていないこと、の3つをあげています。また「日本語」といっても地域によってことば遣いには違いがあるでしょう。

また、パソコンやiPadのキーボード入力により解答する形式でしたので、操作に慣れていない日本の生徒にとっては負担が大きかったのかもしれません。

非認知スキル

ＰＩＳＡの「読解力テスト」はどんな力をテストしているのでしょうか?

ＰＩＳＡの「読解力」は、「自らの目標を達成し、自らの知識と可能性を発達させ、社会に参加するために、テキストを理解し、利用し、評価し、熟考し、これに取り組むこと。」と定義されています。つまり、ＰＩＳＡが求める「読解力」は単に「読んで理解する能力」ではないのです。生活の中で問題を見つけ、それを解決するため、関連する情報を取り出し、組み合わせて、社会に役立てる一連の過程をテストしている（浜野、2020）のです。

頭の良さはＩＱ（知能指数）で表すことはできます。ＩＱは、将来の学歴や年収を予測すると言われています。しかし、ＩＱだけでは不十分です。自分をコントロールしたり他人とうまく付き合う能力、いわゆる非認知スキル（**図5－1**）がないと、人は生きていけません。

浜野隆さんは、ＰＩＳＡ型読解力の関連要因としての「非認知能力」について、次のようにまとめています。非認知能力とは、識字能力や計算能力などのいわゆる「学力」とは異なり、意欲や忍耐力、社交性や思いやり、レジリエンス（ストレスに耐えて回

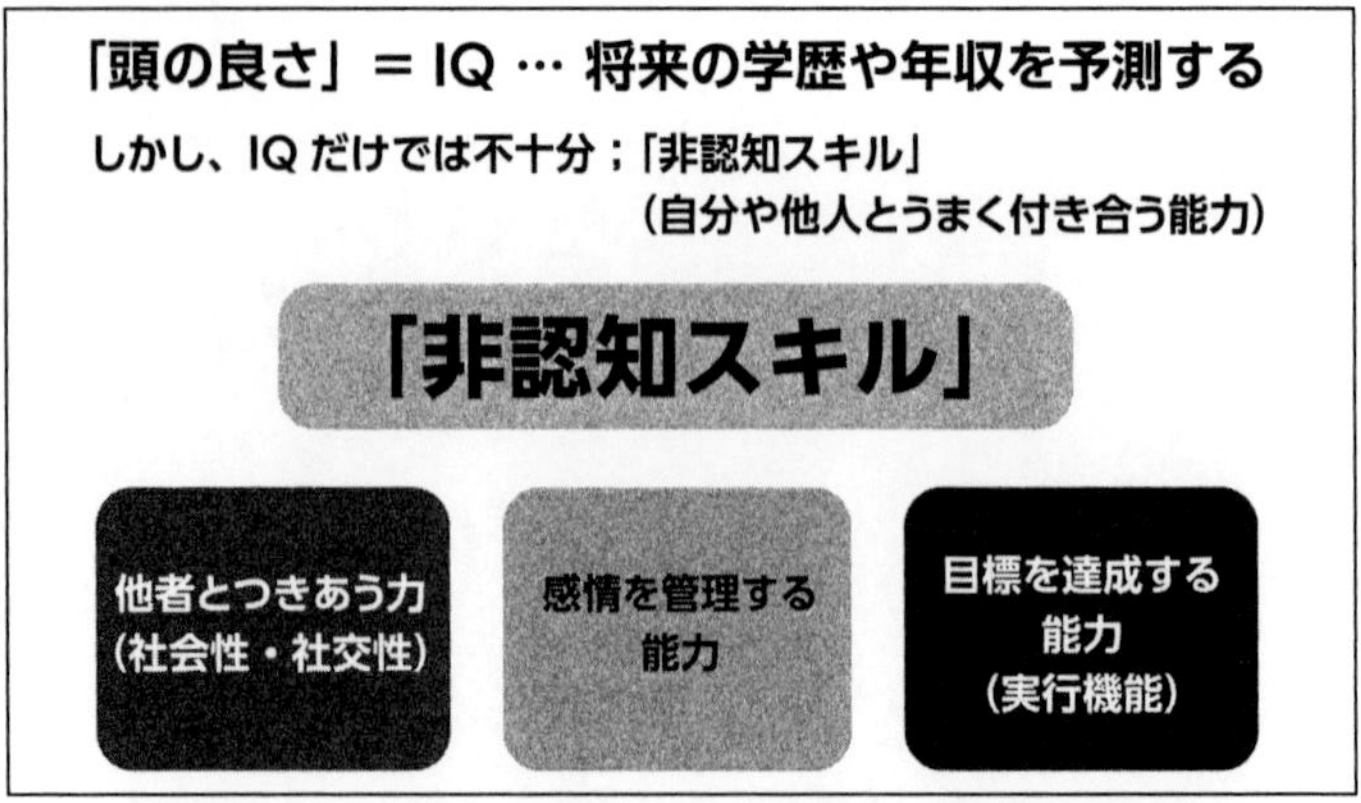
「頭の良さ」＝IQ … 将来の学歴や年収を予測する
しかし、IQだけでは不十分；「非認知スキル」
（自分や他人とうまく付き合う能力）
「非認知スキル」
他者とつきあう力（社会性・社交性）
感情を管理する能力
目標を達成する能力（実行機能）

図5－1　PISAが測定している読解力　非認知スキル
（森口佑介，2019を参考に改変）

復する力）や自尊心など、「個人の一生を通じて社会経済的成果に重要な影響を与えるような個人の能力」（OECD, 2015）を指しています。

OECDは、目標を達成する力（忍耐力、自制心、目標への情熱、自己効力感）、他者と協働する力（社交性、敬意、思いやり、共感性、信頼）、感情をコントロールする力（自尊心、楽観性、自信）、などを非認知能力（社会情動的スキル）に含めています（**表5－2**　OECD, 2015）。

また、児童期以降の非認知能力についてガットマンらは、学習への構えや動機づけ、メタ認知（自分の理解度や状況を自分で把握すること）、社会的コンピテンス（リーダーシップやソーシャルスキル）なども含めています（**表5－3**　Gutman & Schoon, 2013）。

子どもは、社会に参加したり、社会を形成する主体になるために、ことばを獲得し、感情を調整し、難題に挑

表5－2　「非認知能力」（社会情動的スキル）（OECD, 2015）

①目標を達成する力
（忍耐力、自制心、目標への情熱、自己効力感）

②他者と協働する力
（社交性、敬意、思いやり、共感性、信頼）

③感情をコントロールする能力
（自尊心、楽観性、自信）

戦しながら生きています。読解力と社会参加意欲は密接に関わっている（Freire, 1970, 菅原、２００６）と言えましょう。浜野隆さんは、非認知スキルはこれからの不確実な時代「VUCA－『Volatility（激動）』『Uncertainty（不確実性）』『Complexity（複雑性）』『Ambiguity（不透明性）』－の時代」を生きていく上で必要・不可欠な能力であると指摘しています（**表5－4**　浜野、２０２０）。

日本では新聞購読者数がどんどん減っています。社会変化は、ネットニュースやテレビのニュースで知ることが多いのです。ましてや、子どもは学校文化に囲い込まれ、社会の変化には無頓着です。受験偏差値の高い大学の入試に合格するため、よい幼稚園、よい小学校、そして東京大学や京都大学、早稲田大学や慶応義塾大学など、受験偏差値の高い、いわゆる「有名大学」合格を目指して受験勉強に励んでいるのです。幼児期から始まる受験のための「ごまかし勉強」（暗記中心

表5－3　学童期以降の「非認知能力」（Gutman & Schoon, 2013）

① **自己認識**（能力についての自己概念、自己効力感）
② **意欲**（マインドセット、内発的動機づけ）
③ **忍耐力**（エンゲージメント、やり抜く力）
④ **自制心**
⑤ **メタ認知**（自分の理解度や状況を自分で把握すること）
⑥ **社会的コンピテンス**（リーダーシップ、ソーシャルスキル）
⑦ **レジリエンスと対処能力**
⑧ **創造性**

の入学試験のための勉強）ばかりに集中していたら、ＰＩＳＡの読解力テストの成績は高いはずはありません。

日本の学力テストでも同様です。文部科学省は毎年、全国の６年生と中学３年生を対象にして全国学力・学習状況調査を実施しています。児童生徒はＡ問題：暗記能力を問う「基礎・基本」問題の成績はよかったのですが、ＰＩＳＡ型学力テストと同様のＢ問題：覚えた知識を身近な問題に活用したり、複数の情報を結びつけたりして解答する「活用力」テストの成績は低いのです。

わが国では、２０１５年のＰＩＳＡショック以来、考える力を育てるための教育改革に取り組んできました。しかし、教育改革は思ったような成果をあげていません。２０１９年度も、「活用力」

表５－４　非認知能力の役割・効用「VUCA」の時代を生きるために必要とされる能力（浜野，2020）

「非認知能力の役割・効用」 **(1) 個人の成功** (将来の教育達成、仕事の成果、健康やウェルビーイング、主観的幸福感など) **(2) 社会的便益** (非行や犯罪を抑制する、市民意識など) ⇒これからの不確実なVUCA (Volatility,Uncertainty, Complexity, and Ambiguity) の時代を生きていく上で必要・不可欠な能力

の得点は低いのです。「国語」においては、目的に応じて説明することに慣れていません。「数学」・「算数」においては、グラフを読み取り、多様な視点で考える力が不足しています。また、社会への参加意欲がないため、世間で起こっていることには無頓着で、日常の出来事を表現する力が欠けています。「理科」でも問題文に書かれている背景情報が理解できず、解答を記述する表現力も足りないのです。

学力格差は経済格差を反映するか？

文部科学省幼稚園課（現　幼児教育課）は、2010年の7月に、「幼稚園卒の子どもは保育園卒の子どもよりも正答率が高い。この調査は幼児期の教育の大切さを検証した初めての調査だ」とマスコミに発表しました（**表5－5**）。

表5－5　日本の学力低下⇔考える力の欠如
<論理力・記述力>と<学習意欲>が低い

1. 国際学力比較調査（PISA；15歳・TIMMS*；中2・小5）
PISA（理科・数学・読解力）論理力・記述力欠如・数学が苦手
TIMMS調査（理数系）学力は問題ない・学習意欲が欠如

2. 全国学力・学習状況調査（小6・中3生）
○〔A問題〕⇔基礎的・基本的な学習内容はおおむね理解
△課題は・・・〔B問題〕⇔活用力の欠如；知識・技能を活用して、思考し、表現する力に課題がある！

3. 2019年度；知識を身近な問題に活用したり、複数の情報を結びつけるのが苦手。
【上位；石川・秋田・福井】

2010年7月28日　幼稚園卒>保育所卒
⇒これって本当か？

＊ TIMMS：国際数学・理科教育動向調査

これは本当でしょうか？　そもそも、幼稚園と保育園の「保育」（教育と養育の両方を指す用語）の質の違いが、中学3年生の学力にまで影響するのでしょうか？

教育社会学者やマスコミは、「学力格差は経済格差を反映している」ので、「保育園に通園している家庭の所得が幼稚園通園家庭よりも低いためではないか」というコメントを発表しました。

私たちは、このコメントに疑問をもちました。経済格差と連動して動く要因（媒介要因）が何かあるのではないかと思ったのです。何よりも、経済格差は子どもの発達や親子のコミュニケーションに一体どんな影響を及ぼすのでしょうか？　この疑問を解いてみたいと思いました。

そこで、幼児のリテラシー（読み書き能力）の習

表5−6　学力格差は経済格差を反映するか？

（内田伸子・浜野隆（2012）『世界の子育て格差
—子どもの貧困は超えられるか？』金子書房.

◆「学力格差は経済格差を反映している。
保育園に通う家庭の所得が低いためではないか」
（教育社会学者やマスコミ）

???

RQ: 経済格差と連動していて、学力低下をもたらす“媒介要因”があるのではないか？
⇒日韓中越蒙比較追跡研究
「幼児のリテラシー習得に及ぼす文化・社会・経済的要因の影響についての検討」
（各国 3、4、5 歳児 3,000 名を個人面接で）

得に及ぼす社会・経済・文化的要因の影響はどのようなものかを明らかにするため、国際比較調査を実施することにしました（**表5－6**　内田・浜野、2012）。

私たちは経済の発展段階が違い、儒教や仏教を背景にもつ、日本（東京）・韓国（ソウル）・中国（上海）・ベトナム（ハノイ）・モンゴル（ウランバートル）、各国3000名の3、4、5歳児を対象に個人面接調査を実施しました。そして彼らが小学生になるまで追跡し、小学校でPISA型学力テストを受けてもらいました。また、テストを受けた子どもの保護者全員とこの子たちを保育している幼稚園と保育園の先生方全員に、文字環境やしつけ、絵本の読み聞かせの頻度、塾や習い事の種類、子どもの学歴への期待度、家庭の蔵書数、所得などについて、アンケート調査を実施しました。

「リテラシー」とは、「識字力」とか「読み書き能力」と訳されることが多いのですが、もともとはラテン語、ギリシャ語を読み解く力といった「広い教養」を意味する用語です。しかし、学校制度が導入されてから、「識字力」、あるいは「読み書き能力」と限定的に使われるようになったのです。私たちは、読み書き能力だけではなく、文字を書くための指先の運動調整能力や文字読みに使われる音節分解能力、さらに、知力の代表として語彙能力――知能テストのかわりに「絵画語彙検査（PPVT）」を使いました――も測定しました。

リテラシー調査の結果をご紹介しましょう。平仮名が読めるか、文字を書く準備がどれほどできているかを調べるための模写力については、家庭の所得との関連はありませんでした（**図５－２**）。ところが、絵画語彙検査で測定した語彙力（知的能力）は、５歳児の段階で家庭の所得と関連し、所得の高い家庭の子どもの語彙得点が高くなりました（**図５－２**）。

家計の豊かなご家庭では、子どもに習い事をさせているのかもしれません。そこで早期教育の影響を調べてみました。語彙得点に関しては、習い事をしていない子どもよりも、習い事をしている子どもの方が語彙得点が高かったのです。しかし、芸術系、

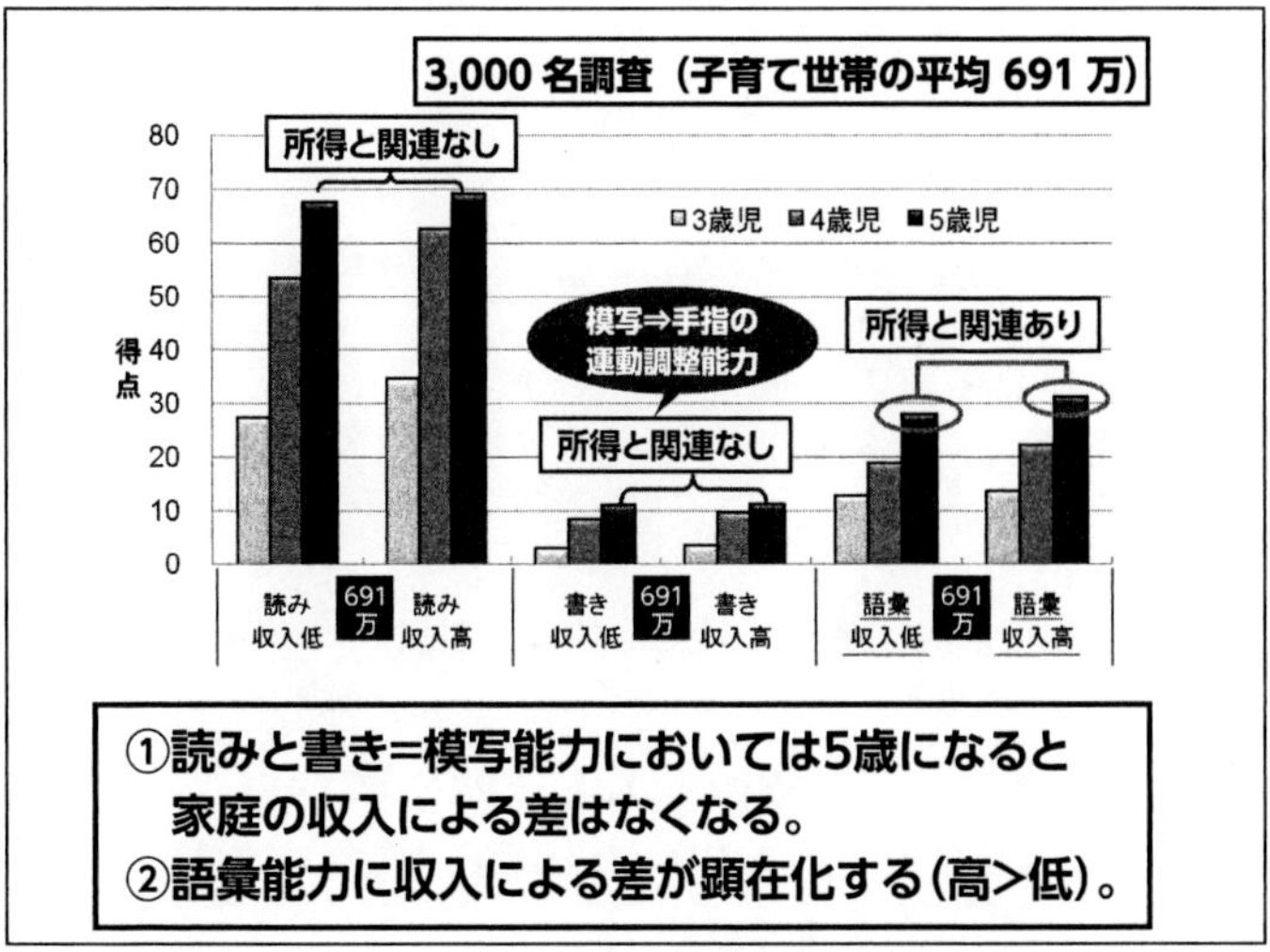

図５－２　リテラシーの習得に経済格差は影響するか？

（内田・浜野，2012より）

運動系、ピアノやスイミング、体操教室などの習い事をしている子どもと、受験塾や英会話塾など学習系の塾に通っている子どもの間には、語彙得点に差はありませんでした（**図5－3**）。

このことは塾の学習で語彙得点が上がるのではないことを示しています。芸術・運動系であろうと、受験塾など学習系であろうと、習い事をすることにより、家庭や幼稚園・保育園で会話する大人とは別の大人に出会い、いろいろなことばを聞く機会が増え、コミュニケーションが豊かになることが理由だろうと推測しました。

杉原隆東京学芸大学名誉教授らのグループが実施した全国3、4、5歳児9000名の運動能力調査の結果は、習い事によってかえって運動能力が低下してしまうと報告しています。体

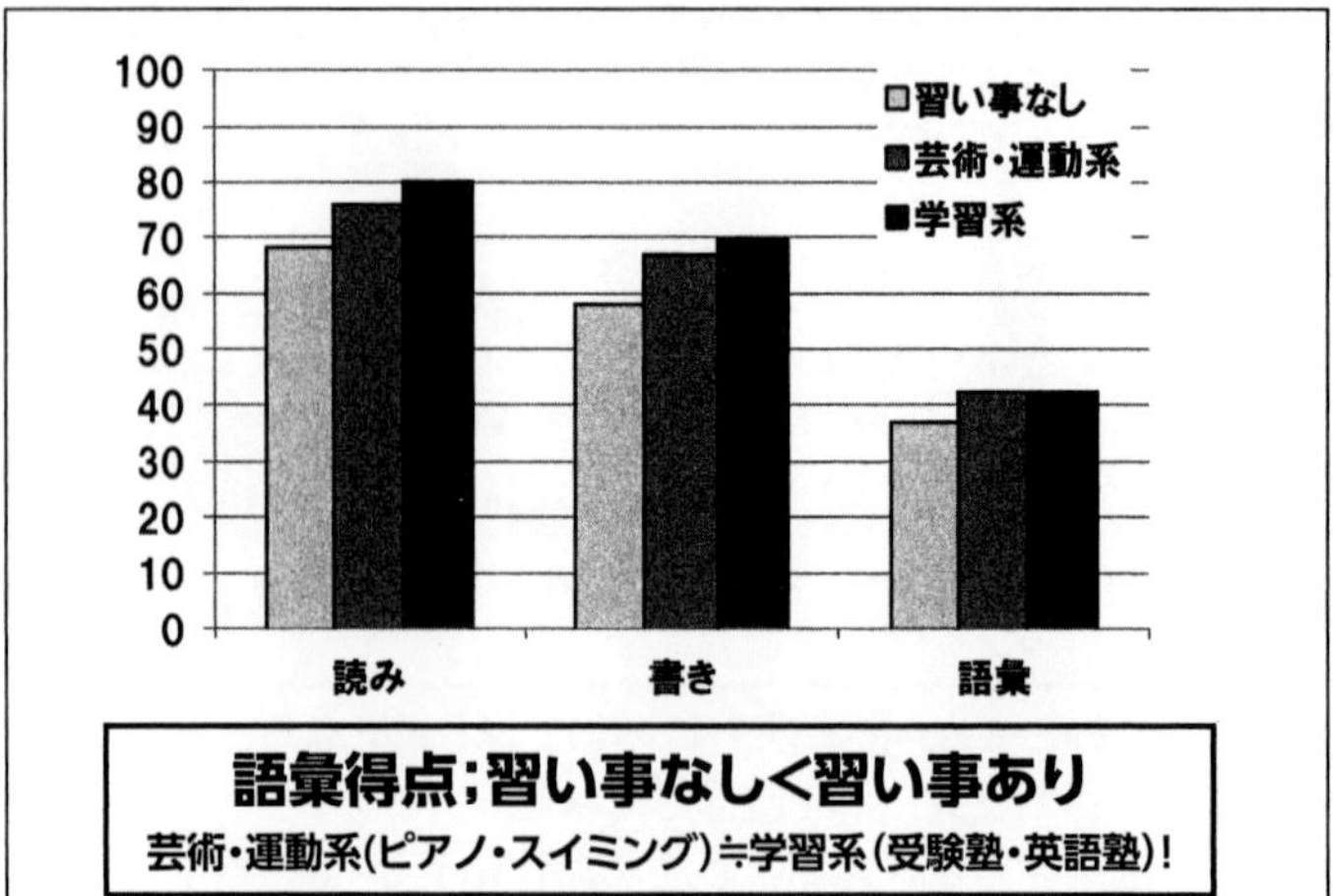

図５－３　習い事の種類と読み・書き・語彙との関連

（内田・浜野，2012より）

操教室やバレエ、ダンス教室に通っている子や、体操の時間を設けている幼稚園や、保育園に通園している子どもの運動能力が低く、運動嫌いの子どもが増えてしまうのです（**表5－7**）。

体操教室やバレエ教室に行くと運動能力が低くなってしまうのはなぜでしょうか？　全国で教室を訪れて運動能力低下の原因を探ったところ、まず第1に、特定の部位を動かす同じ運動をトレーニングのように繰り返しているので子どもは飽きてしまう、第2に、説明を聞く時間が多く実際にからだを動かす時間が少なくなっている、第3に、競争意識が芽生える5歳後半ごろになると、他人よりうまくできないと教室には行きたがらなくなり、運動嫌いになっていく、などが明らかになりました（杉原・河邉、2014）。

表5－7　幼児期の運動能力の発達（杉原・河邉，2014を基に作成）

3、4、5歳児全国9,000名調査

体操・バレエ・ダンス教室に通っている子や体操の時間を設けている幼稚園や保育園に通園している子どもの運動能力が有意に低く、運動嫌いも多い。

⇒なぜか?

①特定の部位を動かす同じ運動をくりかえさせている。つまらない！

②説明を聞（×聴く）いている時間も多く動き回る時間が少ない。

③5歳前半までは競争心をもつ段階ではない。5歳後半すぎから自分ができないと嫌になってしまう⇒運動嫌いになる。

⇒子ども中心の保育がよい!　**自発的な自由遊び**

⇒運動遊びの楽しさを体験できる環境と保育者の働きかけが必要！

では、運動嫌いにしないための解決策はあるのでしょうか？　この調査結果を踏まえて、杉原さんは子どもの運動能力は子ども主体の保育によって育まれることを指摘しておられます。つまり、幼稚園か保育園かにかかわらず、保育の場では子どもが好きな遊びができるようにすること、好きな遊びの中で、登る、渡る、運ぶ、ぶらさがる、走るなどの動きが求められるような環境を設定することが大事だと指摘しておられます。また保育者にも、運動遊びに子どもを誘い、楽しく一緒に運動遊びをしてほしいと提案しておられます。

子ども中心の保育（自由保育）で子どもが伸びる

私たちの調査結果でも、自由保育の子どもの方が一斉保育の子どもより語彙力が高いという結果が出ました。「アプローチ・カリキュラム」と称して、小学校1年生の国語や算数、英会話などの先取り教育をしており、鼓笛隊や体操の訓練をしている一斉保育の幼稚園や保育園の子どもに比べて、自発的な遊びを大切にしている自由保育（子ども中心の保育）の形態をとる幼稚園や保育園に通っている子どもの語彙力がずっと豊かであるという結果が明らかになりました（**図5-4**）。

この結果から、語彙得点の成績は、幼稚園か保育園かの違いではなく、どんな保育をしているか、つまり〝一斉保育か子ども中心の保育か〟という「保育形態」の違いが成績の差をもたらしていることが明らかになりました。しかも、ソウル、ハノイ、ウランバートルの結果も東京調査の結果と同じでした（上海は全てが保育園ですから、この分析はしませんでした）。

つまり、小学校の教育を先取りして、文字を教えたり、計算をやらせたり、英会話や体操の時間を設けている〝一斉保育〟の幼稚園や保育園に比べて、子どもの自発的な遊びを大事にしている〝自由保育〟の幼稚園や保育園の方が語彙得点は高いのです。しかも、年長になるほど、成績の差は拡大していくのです。

では、先に紹介した、文部科学省幼稚園課が発表した「学力テストの結果を比べると、保育

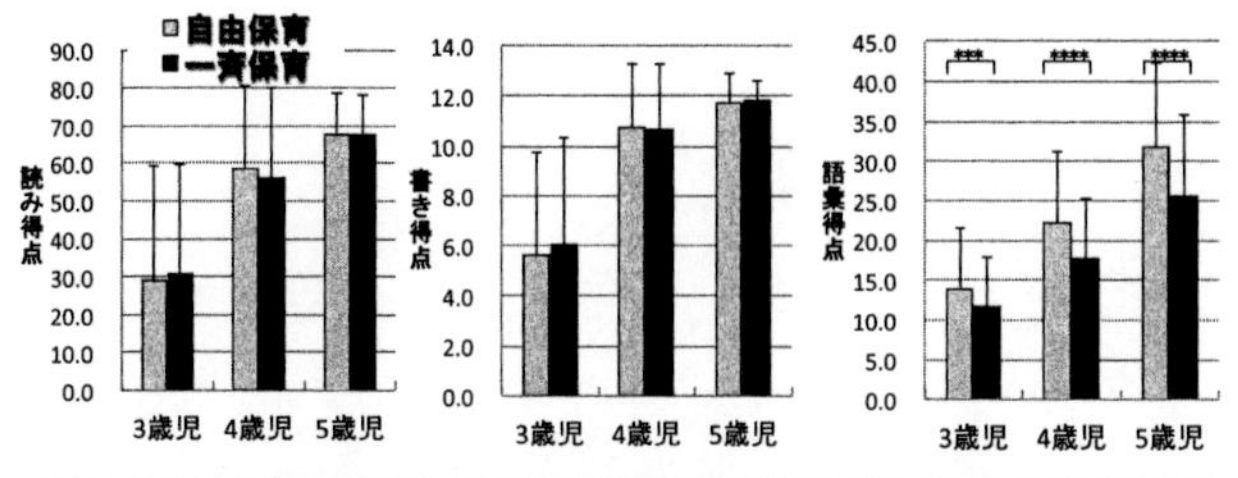

●語彙力：自由保育＞一斉保育

子ども中心の保育、自由遊びの時間が長い
幼稚園や保育園の子どもの語彙得点が高い

図5－4　語彙力；保育形態（自由保育＞一斉保育）の差
⇒園種（幼稚園か保育園か）により語彙力の成績は変わらない！

（内田・浜野，2012より）

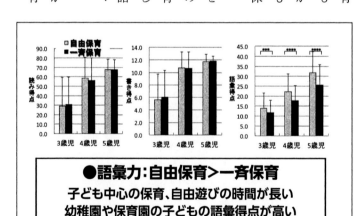

園卒の子どもより、幼稚園卒の子どもの方が正答率が高い」という発表はいったいどんな根拠に基づいているのでしょうか？　答えを出す前に、この子たちに小学校でＰＩＳＡ型学力テストを受けてもらいましたので、その結果が幼稚園卒と保育園卒で違うかを比べてみましょう。

小学1年生の3学期にＰＩＳＡ型学力テストによって調べた学力の違いは、幼児期の語彙検査の結果と同じでした。子ども中心の保育（いわゆる自由保育）の幼稚園や保育園卒の子どもの方が、学力テストの成績が高かったのです。ソウルでも同じ結果が得られました。同じ子どもを追跡しているので、学力テストと保育形態に関連が出たというのは、単なる相関関係（見かけ上の関連）ではなく、原因と結果の関係（因果関係）があるということです。つまり、どんな保育形態の園で保育を受けていたかが小学校での学力テストの成績に影響するという結果が明らかになったのです。

しかし、幼稚園や保育園の保育の質の違いが小学6年、あるいは中学3年まで続くということはどう考えてもありえないでしょう。２０１０年は「認定こども園」の設置について検討が始まった年でしたから、文部科学省と厚生労働省のどちらが管轄省庁になるかをめぐって、激しい議論が行われていたのです。「幼児教育の大切さが検証された」というコメントは、文部科学省が管轄した方がよいということを主張するための戦略的な発言だったのかもしれません。しかも、この発言は部長や課長などのキャリア（異動官職）から出たものだということもわかりました。

文部科学省のキャリアの中には、「幼稚園は教育（education）をする教育機関だが、保育園は養護（care）する福祉施設」という誤った思い込みをしている人がいるのではないかと思います。その人達の誤解や偏見、無知に基づいて、親や保育者を振り回すような発表をするのは大迷惑ですよね。

いよいよ結論を出したいと思います。

子どもは自発的な活動としての遊びを通して非認知スキルを磨いていきます。遊びとは、仕事に対立するものではありません。怠けることを意味しているのでもありません。好きなことや興味や関心があることに取り組んでいるときには、子どもも大人も、夢中になって時の経つのも忘れてしまいます。

遊びや活動に夢中になっているときには脳（大脳辺縁系の海馬や扁桃体、そして前頭連合野、言語野など）が活性化され、いろいろなアイデアがわいてきます。

遊びの主人公は子どもです。親や先生は子どもの遊びが生まれ、展開しやすいように環境を整えてあげてください。遊びや活動を豊かにすることは、いろいろなことをできるようにすることと同じではありません。

重要なのは、活動の過程で子どもがどれだけ遊び、充実感や満足感を得ているかであり、活動の結果どれだけのことができるようになったか、何ができたか（成果）だけを捉えてはならないのです。なぜなら、遊んでいる過程で意欲や態度が育ち、非認知スキルが育まれていくからです。

子どもも大人も、さまざまな形で社会と関わります。そのとき必要なのは「ことばの力」です。子どもが社会に参加したり、社会を形成する主体になるためには、ことばを獲得し、ことばを磨き、表現する必要性を感じていくことです。ＯＥＣＤ（ＰＩＳＡ型学力テスト）で求められる「ことばの力」は「考える力」そのものです。ことばは確かな学力を形成するための基盤であり、他者を理解し、自分を表現し、社会と対話するための手段になります。知的活動や感性・情緒の基盤となるものなのです。児童生徒に求められる真の学力とは、(1)考える力（批判的思考力）と(2)社会的参加意欲（非認知能力）なのです。

次章では、今、日本で求められる真の学力――「考える力（批判的思考力）」と「社会的参加意欲」をどのように育てたらよいかについて考えてみたいと思います。
では冒頭のご相談にアドバイスしましょう。

ノブコ先生からのアドバイス

リカさんへ

この章を読んでくださったら、答えがおわかりだと思います。

小学校低学年のうちは、計算問題ができれば、テストによい点を取ることができます。学習塾で計算や読み書きが上手になっているので、よい点が取れたのでしょう。しかし、4年生になると割り算や余りが出てくる文章題も解けなくてはなりません。計算していればすむのではなく、問題文を読み、状況や情景を想像して、どんな解答をすればいいのかを理解しなくてはなりません。「9歳の壁」に直面し、今までと勝手が違うのに戸惑っているのでしょう。算数の答案用紙を丸めてゴミ箱に捨ててあるのを見つけたら、「算数のテスト、ゴミ箱に捨ててあったよ。こんな悪い点をとったのね」と叱るよりも、「ゴミ箱を見たら算数のテストが捨ててあったよ。どこがわからなかったのかしら？　ママも考えてみるから、わからなかったところはどこかを教えてね」とご子息に頼んでみてください。「こんなことがわからないの！」などは禁句です。ご子息がわからなかったところを一緒に考えて、今のつまずきの原因を取り除いてあげること。そして、間違えた原因がご子息自身でわかったなら、褒めてあげてください。次のテストで、そのような間違いをしなくなったら、「ちゃーんとわかったのね。えらいね。ママうれしいな」と励ましてあげてください。

ご相談の中で、もう一つ気になることがあります。ご子息は幼児期からゲームが好きで、今も自室でゲームをしているようですね。恐らく、五官を働かせる直接体験が少なく、お友達との遊びも少なかったのではないでしょうか。問題文を読んで情景や問題状況を想像する「非認知スキル」、つまり、①他人と付き合う力、②感情をコントロールする力、楽しみを先に延ばしがまんする力、そして、③目標を達成する力、挑戦する力が育っていないのかもしれません。非認知スキルは遊びや生活を通して育まれます。そこで、ゲームは一日に30分以内と約束して、それ以外は、外遊びや家のお手伝い、本を読むなどの活動に誘ってあげてください。ママの、ときにはパパの支えを得て、ご子息は「9歳の壁」を乗り越えることができるでしょう。

6章

探究心

ウェッブ子育て相談室に寄せられたメールから始めましょう。

アサミさんのご相談

ノブコ先生

現在、小学校6年生の娘のことでご相談します。

娘は中学受験のために、小学5年生の夏休みから進学塾に通っておりました。

今回、残念ながら希望の学校には合格できず、地元の公立の中学校に進学する予定でいます。塾でクラスが変わったタイミングが悪かったせいもありましたが、自分の第一希望の学校の試験日が終わった後にやる気を失いはじめ、途中から塾に行くことも嫌がるようになって、結局、2校受ける予定が、第二希望の中学の3回目の入試は受けず、不完全燃焼のまま終わってしまったように思います。

最終的に第二希望の3回目の受験をするかしないかは本人に決めさせましたが、塾での追い込みや合否で精神的に疲れてしまったのか、公立中学に進路が決まってからは塾に行くこともないので、漫画を読んだりライトノベルの小説を読んだりで、土日も平日の夜もやることがなくなって暇をもてあましている娘に日々1時間でも勉強をしてほしい、せめて中学校に上がる

前に数学などの先取り学習はやってほしいという願いもあって、通信教育を進めたりしていますが、勉強の話になると「こんな簡単な問題はやりたくない」と耳をふさいで、聞きたくないといった状況になり、（塾で難しい問題をやっていた自負もあるのではないかと思いますが）じゃあ、簡単な問題ばかりじゃないから、ハイクラスや応用問題のコースなどもあるからそっちでやってみたら？　というと、「そんなの考えたくない、頭使いたくない」と言われてしまい、困り果てています。

中学受験したにもかかわらず私立中学には進学しないことで、モチベーションが低下し、こういった結果になっているのか？　これがトラウマになり中学生になっても勉強嫌いになってしまうのではないか？　ということも含めて先行き不安になっています。

私たち夫婦の考えとして、できるならば、中学生になったら通信教育などを使って家庭で自分で学習できたらいいなと思っています（本人が嫌がるようであれば考え直さなければなりません）。

〔川崎市在住、アサミさん〕

探究型の学び

今、日本の子どもたちに求められる真の学力は、(1)考える力（批判的思考力）と(2)社会的参加意欲（非認知能力）です。では、考える力や社会的参加意欲を育てるにはどうしたらいいでしょうか？

このような真の学力を育てるためには、学校が変わらなくてはなりません。知識偏重で一方的に教え込む詰め込み教育は路線変更を迫られました。

2017年に幼稚園教育要領と保育所保育指針が一元化され、幼稚園も保育園、幼保連携型認定こども園でも、子どもが自ら遊ぶことを大切にする「子ども中心の保育」（自由保育）を実践するようになりました。残念なことに、私立幼稚園の中には、この変化に対応できず、相変わらず、文字や計算、英会話や体操を「一斉に」教え込んでいることを「売り」にして園児を集めているところがあります。ですから、保護者が、子ども主体の保育実践に取り組んでいるかどうか、事前に園の保育見学をしていただき、一斉保育の園は避けていただいた方がよいと思います。

2020年からの新学習指導要領でも、教える教育から子どもが自ら考え探究するアクティブラーニング（対話型の深い学び）が推奨されています。また、大学入試も知識偏重型から課題解決型へと統一テストの変更を迫られています。

教え込まれるのではなく、自分が関心をもった事柄を自ら調べ、考える力を育てる教育へと踏み出しました。日本各地の小・中・高校では自主研究や探究活動が広がっています。昨年末には、小学生を対象とした「探究オリンピック」が初めて開かれ、探究型の授業を売りにする塾まであらわれました（朝日新聞２０２０・３・30「教育欄」より）。

１９８０年代は中学が荒れていた時代でした。学生服のボタンの留め方はもちろん、スカート丈やソックスの履き方までが細かく規制される「校則」に、生徒たちはがんじがらめにされて学校生活を送っていたのです。校則にしばられてうっくつした思春期の感情は、校舎のガラス窓や教室の扉、廊下のはめ板に向かって吐き出されました。体育館裏で教師に隠れてタバコを吸い、お化粧をしてカラオケボックスで騒ぐことが横行していました。

中学が「学び舎」としての機能が果たせなくなったころ、１９８３年に、校則は一切なし、「自調自考」のみを掲げて千葉県幕張の地に、渋谷教育学園幕張中学校・高等学校（略して「渋幕」・田村哲夫校長）が設立されました。チャイムはないので、生徒たちは自分たちで時間を管理し行動します。普通の授業でも洋書や原典の多読、地理のフィールドワークなどで自調自考力を磨きます。情報教育も充実していて最新のＡＶ機器も生徒たちが必要に応じて自由に使えます。プラネタリウムも完備、校舎の屋上には天体望遠鏡も設置されていて宇宙への夢を育みます。修学旅行は何カ月も前から準備し、生徒各自が地理や歴史と関連づけて見学する場所を絞り込み、それぞれの目標をもって現地視察するというフィールドワークの機会になっていました。（個人的なことで恐縮ですが、私の娘も一期生でしたので、「自調自考」教育について興味深く親の立場から見守っておりました）

渋幕の一番の目玉は、高2で提出する「自調自考論文」です。各自が関心をもったテーマに関連した資料を収集し、専門家に取材し、自分が立てたリサーチ・クェスチョンや仮説を検証する一連の過程を経て、探究の成果を1万字程度の論文にまとめあげます。総仕上げは、探究活動の成果をポスター発表して、下級生や教職員、親にも、プレゼンするのです。

自調自考論文をまとめ、成果を他者にプレゼンする過程は、教員と生徒、仲間同士の対話で支えられています。他者からの客観的・批評的な視点を得るため対話型のゼミ形式で学習を進めること、教員全員がアドバイザーになる面談の機会があることなどが探究活動を支えます。このプログラムの最も魅力的な点は、卒業生有志（東京大学やお茶の水女子大学、東京工業大学の大学院、千葉大学や慶應義塾大学の医学部、東京藝術大学などに通っている先輩たち）から「ライティングセンター」での指導が受けられることです。先輩の若手社会人や研究者が、月に1回程度、数人、センターに来て、探究するための研究方法論――課題の見つけ方や論文の書き方などを伝授してくれます。

現在では、大学の場でもＰＢＬ（Problem-based-Learning「課題解決型学習」）として双方向授業が推奨されています。もともとは医学教育で開発された臨床現場で起こるさまざまな事態に適応的に対応できる医学者を育てる教育プログラムとしてハーバード大学のメディカルスクールで開発されました。医学教育では、病気が増えて教える知識が多くなりすぎたため、一方向の知識伝達型授業では対応できなくなりました。医療現場ではさまざまな臨床事例に即応できる柔軟な医者を養成しなくてはならないという必要に迫られて「ニュー・パスウェイ(New Pathway)」が開発されたのです。日本でも１９９５年から北海道大学医学部や京都大学医学部において試行実施されるようになりました。院生や助教など若手研究者がメンターとして学部生の探究活動を助け、指導する方法で取り組まれました。この実験教育は、第1に、メンターとしての若手研究者が十分確保できることと、第2に、一人あるいは少人数グループを編成することができれば、期待する実績が上げられることが証明されました。

その後、多くの大学医歯学系や獣医学系をはじめ、理系や文系にも広がっていきました。また大学院生がメンターとなって心理学の研究方法論を高校生に教える試みも広がっています。

その例として、京都大学教育学研究科の博士課程の院生が京都府内の高校生の探究型学習を支援して実績を上げています（内田・板倉、2016）。

「活用力」上位校と下位校の違いは何か

日本全国の小中学校で探究型の学びを模索し始めたころにさかのぼりましょう。

活用力低下の原因とは一体なんだろうか、どうやったら考える力や社会的参加意欲を育てることができるのだろうかと、誰もが疑問に思いました。広島県の教育指導主事の北村千幸さん（現・広島市の中学校校長）も同様の疑問をもちました。その疑問を解くために、広島県検証改善委員会を組織して、学力・学

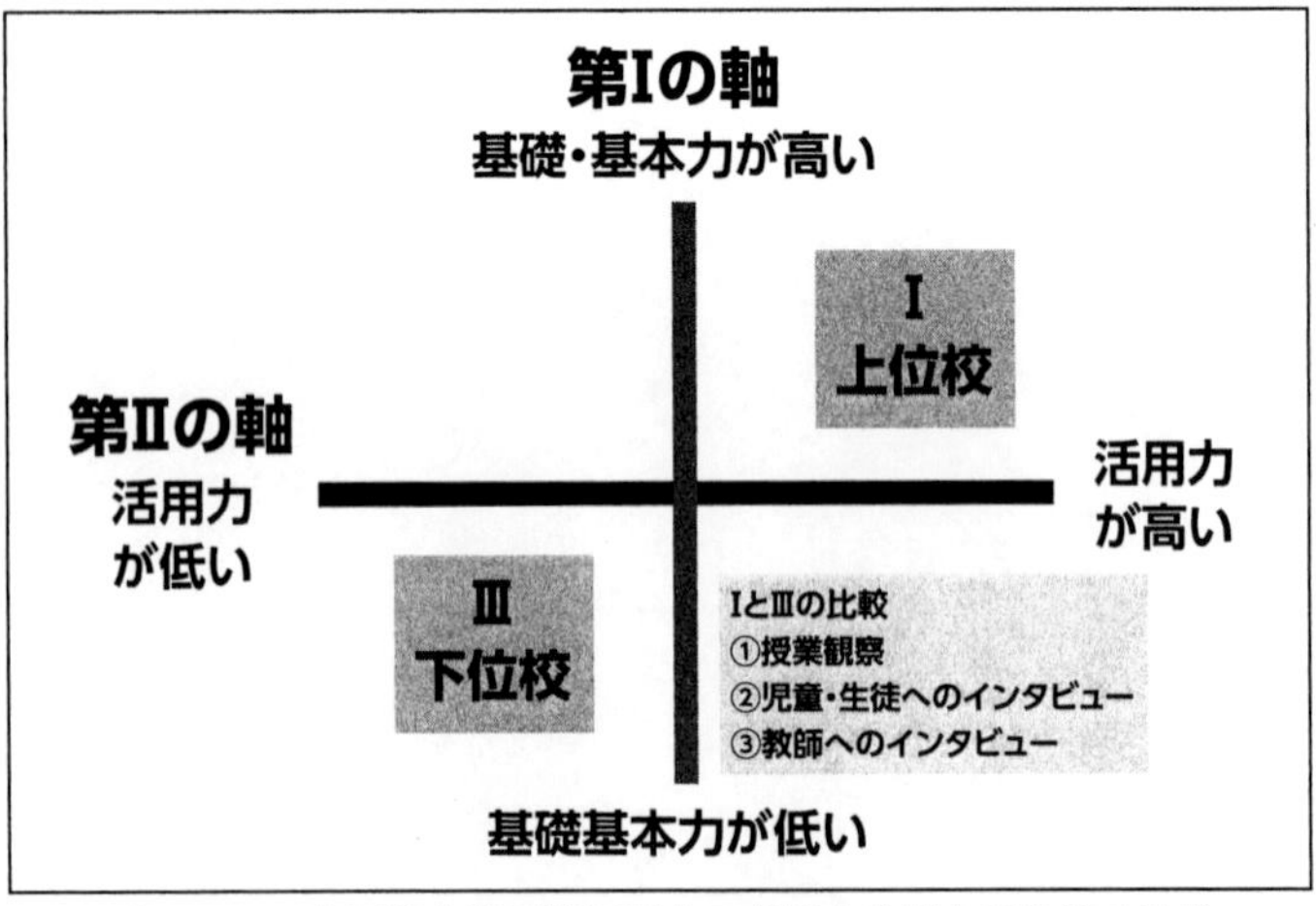

図６－１　全国学力学習状況調査の成績上位校と下位校の比較
（広島県検証改善委員会，2008より）

習到達度調査の基礎基本力・活用力が共に低い小中学校（下位校）と基礎基本力・活用力が共に高い小中学校（上位校）の教育内容を比較しました（図6－1、表6－1）。

第1に、基礎的・基本的な事項の定着のさせ方に上位校と下位校で違いがあり、国語の平均正答率が高い学校は、漢字語句など基礎的・基本的な事項を定着させる授業を行っている割合が高いことがわかってきました。それも単なるドリル学習ではなく、「漢字発明クイズ」のようなゲームの形で基礎的・基本的な事項を定着させるような授業を工夫しているのです。

第2に、目的や相手に応じて話したり、聞いたりする授業をよく行っている割合が高い

表6－1　学力上位校と下位校で違っていた4点

（広島県検証改善委員会，2008より）

1．基礎的・基本的な事項の定着
国語の平均正答率が高い学校は
(1)「漢字・語句など基礎的・基本的な事項を定着させる授業」をよく行っている割合が大きい。
(2)「目的や相手に応じて話したり聞いたりする授業」をよく行っている割合が大きい。

2．実生活の体験や既有知識の役割
子ども実生活の体験や既有知識を大事にした授業づくりを心がけている。
「学びの原理」に適っている。人は帰納的に推論する。人は、類推を働かせ、既有知識や経験に関連づけて新しい情報を導入する傾向をもつ。

3．自分の考えを書くことを大事にした授業づくり
(1) 国語の正答率が高い生徒は、自分の思いや考えを書くことが多いと回答している場合が多い。
(2) 国語の平均正答率が高い学校は、書く習慣をつける授業をよく行ったと回答している割合が大きい。

4．言語技術の活用（結論先行型作文教育）
国語の平均正答率が高い学校は、結論先行型で根拠をあげて意見を述べさせる指導に重点を置いたと回答している割合が大きい。

こともわかりました。上位校では、子どもの実生活の経験や既有知識を大切にした授業づくりをしていました。たとえば、5年理科の「溶解」の授業では、上位校の先生は、「とける」という現象に対して、子どもは生活体験からさまざまな考えやこだわりをもっているので、その考えやこだわりと関係づけて授業を組み立てていると回答しています。

熊本大学教育学部附属小学校でも、子どもが教室に持ち込む生活体験を大事にして授業づくりをしています。研究部長の原口淳一先生は、日頃から児童の生活体験を関係づける授業を展開しておられます。原口先生の5年生理科の溶解の授業の例をご紹介しましょう。

授業の最初に「『ものがとける』というのはどういうことですか？　例をあげてください」と回答用紙に記入させます。回答例には次のようなものがありました。

「紅茶に砂糖を入れると細かくなって見えなくなる。飲んでみると甘いので砂糖はなくなったわけではない。見えなくなっただけ」

食塩を水に入れると「ドロドロの液体に変化する」溶かした食塩が見えなくなることや、食塩水を触っても個体らしきものがないという生活体験から食塩が水に溶ける様子を観察して「食塩の粒そのものが見えないくらい小さくなること」と回答しています。

食塩が溶けることについて、

ハナミ：「アイスがとけるのと同じ（アナロジー）だと思う」

ミサエ：「もともとあったものがどんどん小さくなって、なくなる。見えなくなるだけ」

とアナロジーを使って「ものがとける」ことを説明しています。

このように、私たちは、自分の知識や体験に関連づけて新しい情報を導入しようとします。「学びの原理」は、「人は類推をはたらかせて自分がよく知っていることに関係づけて新しい情報を取り込んでいる」（内田、２０１７：９章）ということです。人は日常は自分の知識や経験に基づいて、帰納的に推論するものであって、決して演繹的な推論を行っているわけではありません。既有知識や経験が多ければ多いほど、豊かな学びが起こる可能性

表６－２　５年理科「『ものがとける』とは？」

「とける」という現象に対して、子どもは生活体験からさまざまな考えやこだわりをもっている。

食塩を水に入れると「ドロドロの液体に変化する」

⇔溶かした食塩が見えなくなることや、食塩水を触っても個体らしきものがないという生活体験から

食塩が水に溶ける様子を観察して「食塩の粒そのものが見えないくらいに小さくなる」

⇔ハナミ：「アイスがとけるのと同じ(アナロジー)だと思う」
ミサエ：「もともとあったものがどんどん小さくなって、見えなくなる」

があります。（表6－2）。

書くこと・考えること

第3に、国語の平均正答率が高い生徒は自分の思いや考えを書くことが多く、国語の平均正答率が高い学校は書く習慣をつける授業をよく行ったと回答する割合が大きかったのです。書くことは考えることと同義です。イメージの段階ではもやもやしていても、ことばを探して書きつけてみて、初めて自分が何を考えていたかがわかり、気づくことができるのです。書いているうちに、新しいアイデアが発見されることもあります。書くことによって知が創成されるのです。

その例をご紹介しましょう。

私は1980年頃、子どもの作文の推敲に興味をもっていました。推敲はことばを選ぶこと、彫琢は文章を整え磨くことですが、一般には双方をあわせて「推敲」と呼ぶことが多いようです。また学校教育の中では作文を書き終えてから、読み直して修正することを「推敲」と呼ぶことが多いようです。

私の疑問は、推敲はいつ、どのように起こるか、推敲することで表現が変わるのか、それとも、認識そのものが修正されるのかということでした。お茶の水女子大学附属小学校の作文大好きな10人の子どもたちのご家庭にお願いし、一人ずつ調査しました。

子どもたちを1回につき一人を研究室に呼んで作文を書いてもらいました。作文のテーマは「自分が書きたいことでよいし、いつも書いているように書いてください」とだけお願いします。ただ、いつもと違うのは、自分の頭の中に浮かんだことをしゃべりながら書くというとても負担の大きいやり方で書いてもらいました。あくまでも、〝頭の中で何が起こっているのか〟を知りたくて行った実験です。

子どもが作文を書いているとき、ビデオカメラで手元と上半身を撮影していました。1週間経ったところで、子どもにビデオを見せながら「あなたここでこう言っているけれども、何を考えていたの?」と、私との対話の中で子どもが何を考えていたのか内観を報告してもらいました。それから1カ月経ったころ、家庭に電話をして大学に寄ってもらい、前清書したものを推敲し清書してもらいました。さらに、1週間後に内観を聞きました。そして、もう全部これで終わりかなと思うと、3カ月経ったところでまた実験室に来てもらい、前に清書したものを推敲し清書してもらいました。協力者の一人、T・Yさんの3カ月後に仕上がった作文をご紹介しましょう。

「自分を書き表すことによって」

六年一組　T・Y

私はこの頃よく考えます。自分についてもっと知りたい、それもことばという形によって表したいと思うのです。そのために、今私が、「私自身」について知っていることから考え始めたいと思います。

私はどういうことが好きなのでしょうか。

「本を読む」。読む時間と読む本があれば、何をさしおいても本を読み始める私です。けれど、じっくりと読むわけではありません。軽い読書が、私は好きなのです。

本を読むのが好きなのには、きちんとしたわけがあります。本を読んでいると、頭の中の空気が新しくなっていくような気持ちになるのです。登場人物の姿を思い浮かべ、次から次へとページをめくります。だから、西遊記のように、空想していて楽しいもの、すっきりしたものが、私のお気に入りの本となるのです。

「放送委員であること」。私は放送委員であることに、非常に満足しています。小さい頃から目立ちたがりやの私にぴったりの仕事です。五年〈生のとき〉から続けていますが、自分の声をみんなが聞いている、と思うのは、気持ちのよいものです。今では、あこがれの委員長となっています。とにかく、委員長の仕事も含めて、先生方に信頼され、学校の仕事をする、そういうことが、私は好きなのです。

このようにして考えてくると、何か私という｛ものの、｝具体的な像が浮かんできたよう気がしてきました。始終いろいろなことを考えている私。目立ちたがりやの私。責任ある仕事をまかされたいと思っている私……。

ここで私は、はたと考えこみました。私という人間は、こんなにも単純な構造の人間なのだろうか、という疑問を持ったからです。それは、書き出した数が少なかったせいかもしれません。私の表現力が足りなかったせいかもしれません。けれど、それだけではないような気がするのです。人間というのは、なみのことばでは表せないものなのではないでしょうか。なぜならそれは、人間が作り出したことばだからです。心の中でだけ通用することばでこそ表せる、私はそんなふうに思いました。

結局、私がはじめに考えていたようにはできませんでした。しかし、それでもよいではありませんか。自分を書き表そうと考えたことによって、「心の中のことば」に気づくことができたのですから。

〔内田（1990）〕

＊文字遣いや句読点、段落構成は全てT・Yさんの作文のまま再録しました

まさにＴ・Ｙさんの作文は自分の内面に初めて気がついた、発見したことが表現されています。書くことによって書く前にはわからなかったことに気づいた、発見したという作文になっているのです。

推敲の過程で得られたプロトコル（**表6－3**）を分析したところ、表現を探し確定する過程では、絶えず表現と意図の往復運動が起こっていることがわかりました。自分が書いた表現の意味を理解し、どういう意図でその表現を使ったのか、自分の意図に照らし合わせようとします。この過程で自分が書こうとしていた意図がはっきりしてくるのです。表現意図に合わせてことばを選ぶのでなく、先にことばを探しあて、後からことばの意味が自覚化されるのです。書き始めたときには、自分が何を書きたいのかがはっきりしていなくても、ことばを探す過程で、自分が書きたかったことがはっきりしてくるのです。ことばを文字にしてみて、あいまいだったイメージがはっきりするのです。

旧ソビエトの心理学者ヴィゴツキー（１９３２／１９６８）が指摘しているように、作文における意図と表現の関係は「デパートで自分の身体のサイズに合わせて既成服を選ぶのではなく、はじめは身体の輪郭もあまりはっきりせず、『表現』という布を切り取ったり、縫い合わせたりして形を作り出す過程」で、〝あっ、そうか〟〝アハー〟と納得する主観的体験を経

表6－3　発話プロトコル例1（内田，1989）

	（注）意識経験
しかし、それでもよいではありませんかこのことについて考えたことによって、“心の中のことば” *1/①※	*1　ここまで清書したところで書いてあることを読み返して確認する。
「……ことばに気づくことができたのですから」でもいいし、/②	
「心の中のことばの存在*2」なんつったら気持ち悪いなあ。/③	*2　笑いながら対案を出す。
そんな、まるっきり気がつかなかったわけではないんだけれど*3、/④	*3　自分自身が気づいていたかどうか事実の方を吟味する。原稿に書いてある「心の中のことば」という表現の意味を解釈している。
その、「心の中のことば」ってのは結局、口で言ってるっていうか、普通のことばっていうのに表す前の段階の、そのモヤモヤした気持ちっていうんで、/⑤	
そこで、そのことばっていうのは結局きまりがあって、そのきまりの外にあるっていう……P/⑥	Pポーズ
だから存在に気づかなかったわけではないな…P*4/⑦	*4　対案を否定する理由がはっきりする。
心の中のことば、やっぱり、このまんまでいい*5/⑧	*5　原案を納得して受け入れる。
に気づくことができたのですから*6/⑨	*6　※に続けて清書する。

「意味単位」への分割と各単位のカテゴリー名：①「読み返し」②「対案1賦活」③「対案2賦活」＋「不一致感」④「吟味」⑤「意味解釈1」⑥「意味解釈2」⑦対案1・2を否定する理由づけ」⑧「原案の受け入れ」⑨①に続く文の残りを清書するための「書字」

て自分が書きたかったこと（からだ）が書き手にとってわかってくるのです。

広島県の学力テストの上位校では書く活動を大事にしています。自分が考えたこと、思いついたことをワークシートやノートに書かせる指導が行われていました。また、上位校の児童生徒のほとんどが、「思いついたことはすぐにメモするクセがある」とか「忘れないようにノートに書いておく」と回答していました。

結論先行型作文教育

広島県の上位校と下位校の違いの第４に、言語技術教育の国語の平均正答率が高い学校は、結論先行型で根拠をもって意見を述べる指導に重点を置いたと回答する割合が高いことがわかりました。上位校

「ケンタくんの一日」

下の絵は、ケンタくんの一日のできごとを描いています。
ケンタくんにとってその日がどんな日だったか書いてください。

図６－２　説明課題；４コマ漫画「ケンタくんの一日」
（渡邉，1990/2004；内田，1999 を改変）

では「結論先行型作文教育（言語技術：language arts）」に取り組んでいました。なぜ、言語技術教育が日本で功を奏したのでしょうか？　それは日本語談話の特徴にあります。3章で取り上げたように、日本語談話の特徴は、「時系列因果律」（forward reasoning）で出来事の順に語ります。一方、英語母語話者、フランス語、ドイツ語、スペイン語、イタリア語、スウェーデン語など、インド・ヨーロピアン語系を母語とする子どもの語りや作文・会話スタイルは、「結論先行因果律」（backward reasoning を使って論拠を説明する）になります。また子どもの作文も同様の違いがあります（**図6-2**）

欧米では、幼稚園年長組から小学校3年ごろまで、言語表現法の教育に取り組んでいます。段落の構成法や討論（ディベート）の弁論術、結論先行型作文教育によって、「アーギュメント（argument：議論・論争・主張）」の方法を学び、結論先行の因果律の表現法に磨きをかけるのです。ところが、ウラル・アルタイ語系を母語とする子どもは、何もしなければ、談話や作文の構造は時系列因果律になってしまいます。これらの国々では討論（ディベート）の弁論術を学ぶ機会はありません。日本は作文教育に熱心でした。戦後から教師が子どもの生活を知るための手掛かりとして「生活綴り方」を書かせていました。しかし、討論（ディベート）や科学論文の書き方、結論先行型作文教育などの言語技術の教育には特別な配慮をしてきませんでした。

ドイツに駐在した三森ゆかりさん（つくば言語技術研究所代表）は、日本の子どもたちが欧米に比べて話す力、書く力、読む力が劣っているのは、言語技術の教育を受けていないためではないかと考え、帰国後、子どもたちに言語技術教育を体験する塾をつくりました。広島県の国語教師たちは、三森さんを講師に招いて言語技術教育の実践方法を学びました。上位校では、いち早く作文教育に言語技術の教育を取り入れ、国語の授業で結論先行型作文教育に取り組むようになりました。国語科で、言語技術教育に取り組んだことが、活用力を高めた一因ではないかと思われます。

心の不思議を解き明かす

私は、大学の教員になりたてのころ、卒業論文や修士論文の指導をしているとき、指導学生が「ケンちゃんの絵日記」や「ハナコさんの日記」のように、「そして」「そして」「それから」と出来事の順につなげる時系列因果律で論文を書くことに気づきました。これはなんとかしなくてはいけないと、論文作文技術の教育に取り組みました。

・論文の書き方については多くの参考書がある。心理学の文献もその形式を習得するためのモデルとなる。とりあえず、木下是雄『理科系の作文技術』中公新書、木下是雄『レポートの組み立て方』筑摩書房を精読することを勧める。たとえば、これらの書に言及されている事実と意見の区別など、小学生だけでなく、院生や時にはシニアの研究者の論文でも不完全なことがある。
〔内田（１９９０～２０１１）「女子院生への激」より〕

もう一つ力を注いだのは、心の不思議を解き明かす探究方法を伝授することでした。

・研究法には方法論的（methodological）なものと技術的（technical）なものがある。両者とも必要であるが混同してはならない。
・方法というのは問題の立て方、考えの進め方に関するものであり、技術とは手をくだして具体的に研究を進めるための技能（skills）である。
・方法というべきところで方法論という用語が使われることがあるが、「方法」は、とにかくある方法であり、「方法論」は、いろいろな方法の比較検討を経たメタ化された方法、すなわち少なくとも方法論的な検討ずみの方法という意味で使われていることが多い。

・世の中にはわからないこと、まだわかっていないことがたくさんある。しかし、多くの人にとっては何がわかっていないのかということさえも、はっきりとは捉えられていない。何がわかっていないのかがはっきり指摘できれば、すでに研究は始まっているのだということができる。それどころか、〝わからない〟ことがはっきり問題の形で捉えられたとき、解決への道はすでに開かれたものとみることさえできるのである。
・すでに問題の形になった疑問は、たいてい解決される。しかし、ある対象について特定の問題を解決しても、それがその対象すべてについての私たちの認識を深めるとは限らない。どのような問題の立て方をすればその解決が私たちの認識を本当に深めて行くことにつながるのか、を考えるのが方法論の課題である。

［内田（1990～2011）「女子院生への激」より］

小学生の書く作文もシニアの研究者の論文でさえも、事実と意見の書き分けができていないことがあるのは大問題です。結論先行型の作文技術を使いこなすには、そもそも、考える力＝論理力を育てなければなりません。小学生の時代から授業で論理力を育てることはできないだろうか、という思いに駆られました。

論理科――「対話」で広がる子どもの学び

最初のＰＩＳＡショックをきっかけに、日本各地で子どもの考える力を育てる授業が始まりました。その中で、広島県安芸高田市立向原小学校の先生方が、論理的思考力を育てるカリキュラムとして「論理科」の開発に取り組み始めました。幸いなことに私は文部科学省から指導助言者として向原小に派遣され「論理科」の開発過程に関わることができました。

さらに、熊本大学教育学部附属小学校の先生方と一緒に、「対話」しながら論理力を磨く「論理科」の開発に取り組むことになりました（内田ほか、２０１２　内田、２０１６、２０１７）。

論理科の教育目標は、第1に、情報（図表・文章など）に表された内容を読み解く、第2に、内容の真正性や考えの妥当性について判断する、第3に、事実や判断の根拠を筋道立てて表現する、の3点です。

論理科の授業では、二つのものやことを①比較・類推し、②ワークシートにその二つの相違点と共通点を記し、③ワークシートに記された自分の考えを「トゥールミンの論証モデル」に照らして省察（メタ認知の活性化）し、④二つのどちらがよりしっくりくるか、論拠や根拠、データをあげてペアトーク、４人・６人討論、クラス全体の討論を組み合わせ、⑤自己内対話と他者との対話を繰り返しながら、自分が納得のいく、つまり、腑に落ちる（身体性に支えられた）結論を導き出していくのです（表6－4）。

　子どもたちは論理科の授業の中で、論拠をあげて、説明説得する形式で談話を作り出すものです。比較により類推するワークシートに相違点と共通性をあらいだします。それから自己内対話により、メタ認知を働かせながら、どちらが腑に落ちる意見かを論証モデルに照らして考えます。それから他者との対話、ペアトークや4人、6人のグループ討論やクラス全体で討論をしながら、論証を進めるのです。討論の中で子ども一人ひとりが意見を発表します。別の意見に出会い、皆の意見を比べて対立点や相違点が見えてきます。他者との対話で明らかになった反対の意見に対して、「どうし

表6－4　論理科の原理－論拠をあげて説明・説得する言語形式を育てる
（内田，2016；2017）

1. 比較による類推
- ワークシートに相違点と共通点を記す。
- 自己内対話⇔メタ認知（省察）。

2. 他者との対話（座席の隣同士、4人グループ、6人グループ、クラス全体による討論）
- 意見表明⇔対立点や相違点を強調。
- 説得⇔論拠づけの言語形式。

3. 自己内対話による省察（振り返り）⇔メタ認知

↓

納得←→判断⇔結論

てかと言えば◯◯だから」と論拠をあげながら相手を説得します。さらに、自己内対話による省察、振り返りをします。それによって自分なりに納得し、判断して結論を導いていくのです。自己内対話と他者との対話の往復運動の中で、次第に自分にとってしっくりくる、腑に落ちる考えにたどり着くのです。

論理科の効果の検証

論理科の実践は論理力の向上にどれほどの効果を上げることができたでしょうか？

私は論理科実践校と非実践校を比較して、論理力を育てることができたかを検証することにしました（内田、2012、2016、2017）。実験参加者は次の3つのグループに分けられました（**表6－5**）。

【実験群1】熊本大学教育学部附属小学校〔論理科：タイプⅠとタイプⅡ*〕の3年生118名と5年生118名。

【実験群2】広島県安芸高田市立向原小学校〔論理科：タイプⅠ〕の3年生29名と5年生28名。

【対照群】広島県内の学習到達度調査の上位校〔論理科非実践校〕の3年生80名と5年生96名。

＊論理科のタイプⅠとは、週に2時間「総合」・対話型授業で結論先行型パターンの作文や論述を学んでいる。タイプⅡは13～14時間の長い単元・全教科で論理科カリキュラムを開発・実践している。

向原小学校は、2006～2008年度まで文部科学省の研究開発学校の指定を受けた、論理科開発第1期開発校です。1年生から6年生まで、総合の時間に週2時間、「ことばの力」と「批判的思考力」を育てる論理科を実践しています。

熊本大学附属小学校は、2009～2011年度まで開発指定を受けた論理科第2期開発校です。向原小の〈タイプⅠ〉を週2回総合の時間に実践し、さらに全教科で〈タイプⅡ〉の論理科を実践しています。「トゥールミンの論証モデル」（**図6－3**）を使って、仮説を支持する証拠、

表6－5 論理科実践の効果の検証実験（内田，2012；2016；2017）

1. 目　的

論理科カリキュラムの２年間の実践が、児童の説明スタイルにどのような効果をもたらしたかを明らかにする。

2. 論理科の授業内容

(1) タイプⅠ…「トウールミン・モデル」（図6-3）に基づく授業。
仮説を支持する証拠（理由の裏づけ）、場合によっては反証もあげて理由づけたうえで、自分自身も納得し主張（説得）するようにさせる。

(2) タイプⅡ…「適応的エキスパート」を育てる授業。
モデルや論理の型のルーチン的当てはめではなく、状況やジャンル、教科目標に合わせて柔軟に使いこなせるようにし、日常生活にも波及することを目指す。

3. 調査対象

(1) 実験群１…熊本大学教育学部附属小学校の３年生と５年生。
タイプⅠ（週２回）とタイプⅡ（13～14時間）の授業をどちらも受講した児童。

(2) 実験群２…広島県安芸高田市立向原小学校の３年生と５年生。
タイプⅠの授業のみ受講した児童。

(3) 対照群…広島県内の全国学力・学習状況調査上位校の３年生と５年生。
論理科非実践較に通う児童。

理由の裏づけまでも場合によっては反証をあげて理由づける言語形式を習得させます。さらに、全教科で、13〜14時間、対話型授業を実践しています。

全教科で論理科の授業に取り組んだわけは、説得や議論の言語活動をいろいろな状況に活用・応用することのできる「適応的なエキスパート」を育てたいと考えたからです。

技能の熟達化には二つタイプがあります（**表6－6**）。

日常的なエキスパート（routine expert）は、一通り手続きを理解している、こういうときはこうすればよいというのをわかって無難に課題を解決できるエキスパートのことです。たとえば「壷職人」のように、覚えた手順を正確に使って、同じ基準で、同じ規格のものを作り上げる場合です。

それに対して私たちが育てたいと思ったのは、適応的なエキスパート（adaptive expert）です。単に手続きがわ

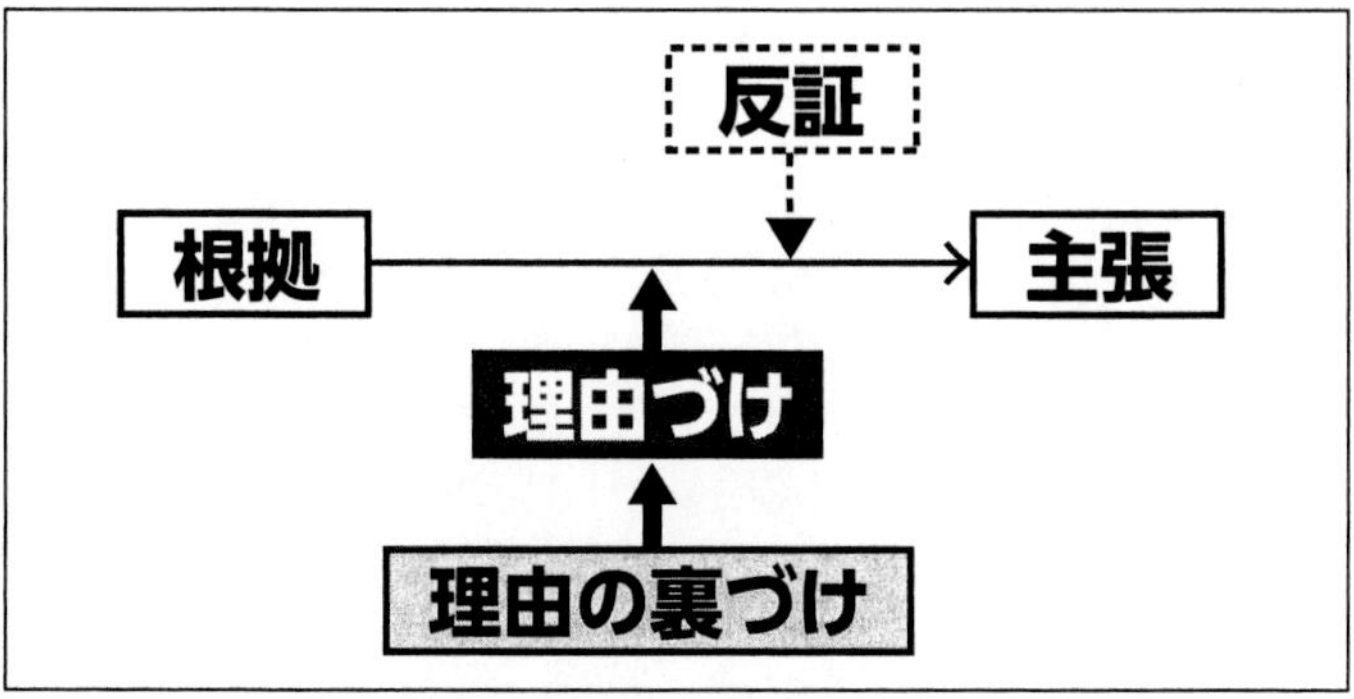

図6－3　トゥールミンの論証モデル（鶴田，2010より）

かるだけではなく、いろいろな場面に活用、応用できる心的なメンタルモデルを作り上げていて、臨機応変にいろいろな状況や課題に応用できるエキスパートです。自分の考えを説明したり、自分の行為をはっきりと言語化でき、自分の能力の限界や欠点までも評価したり、状況に応じて手持ちの手続きを修正し、より適応的なものに変えて活用できるようなエキスパートを育てたかったのです。

【説明課題】因果関係のある出来事の4コマ漫画（**図6－2**⇕図4－4の一部を改変。188頁参照）を説明させる作文課題を用いました。「この漫画はケンタくんの一日の出来事を描いています。ケンタくんにとってその日がどんな一日だったか説明を書いてください」という教

表6－6　技能の熟達化の２つのタイプ（Hatano & Inagaki, 1986）

(1)日常的エキスパート（routine expert） 一通り手続きを理解していて、こういうときにはこうすればよいということがわかり無難に課題を解決できるエキスパート；覚えた手順を正確に使って仕事をする場合。 **(2)適応的エキスパート（adaptive expert）** 単に手続きがわかるだけではなく、いろいろな場面に活用・応用できる「心的モデル」を創り上げていて、臨機応変にさまざまな状況や課題に対応できるエキスパート；自分の考えを口で説明したり、自分のしていることをはっきりと言語化でき、自分の能力の限界や欠点までも評価したり、状況に応じて手持ちの手続きを修正し、より適応的なものに変えることができる場合。

示を与えて、3年生と5年生の子どもたちに作文を書いてもらいました。論理科カリキュラムの実践が子どもの説明スタイルにどのような効果をもたらしたかを分析しました。

論理科実践の効果は説明スタイルに影響したか？

子どもたちの説明作文を分析した結果、論理科のタイプの違いや非実践校との違いが明らかになりました。

第1に、論理科実践校の向原小も熊小も、非実践校に比べて、妥当な論拠をあげた理由づけ得点が高くなりました（**図6－4**）。論理科のタイプには違いがなく、向原小も熊小も妥当な理由づけをしていました。また両校とも、3年より5年生に論理科授業の効果が大きかったのです。子どもは9歳ごろに第二次認知革命が起こり、抽象的思考段階に入ります。メタ認知やメタ言語意識も一段と成長します。この段階に結論先行の思考スタイルや説明スタイルの教育を取り入れることによって大きな教育効果が得られるのでしょう。

第2に、論理科実践校では、向原小も熊小も、論理科非実践校に比べて、結論先行型の説明作文が多かったのです（**図6－5**）。

論理科非実践校でも国語の時間に結論先行型作文指導が行われているのですが、「論理科」

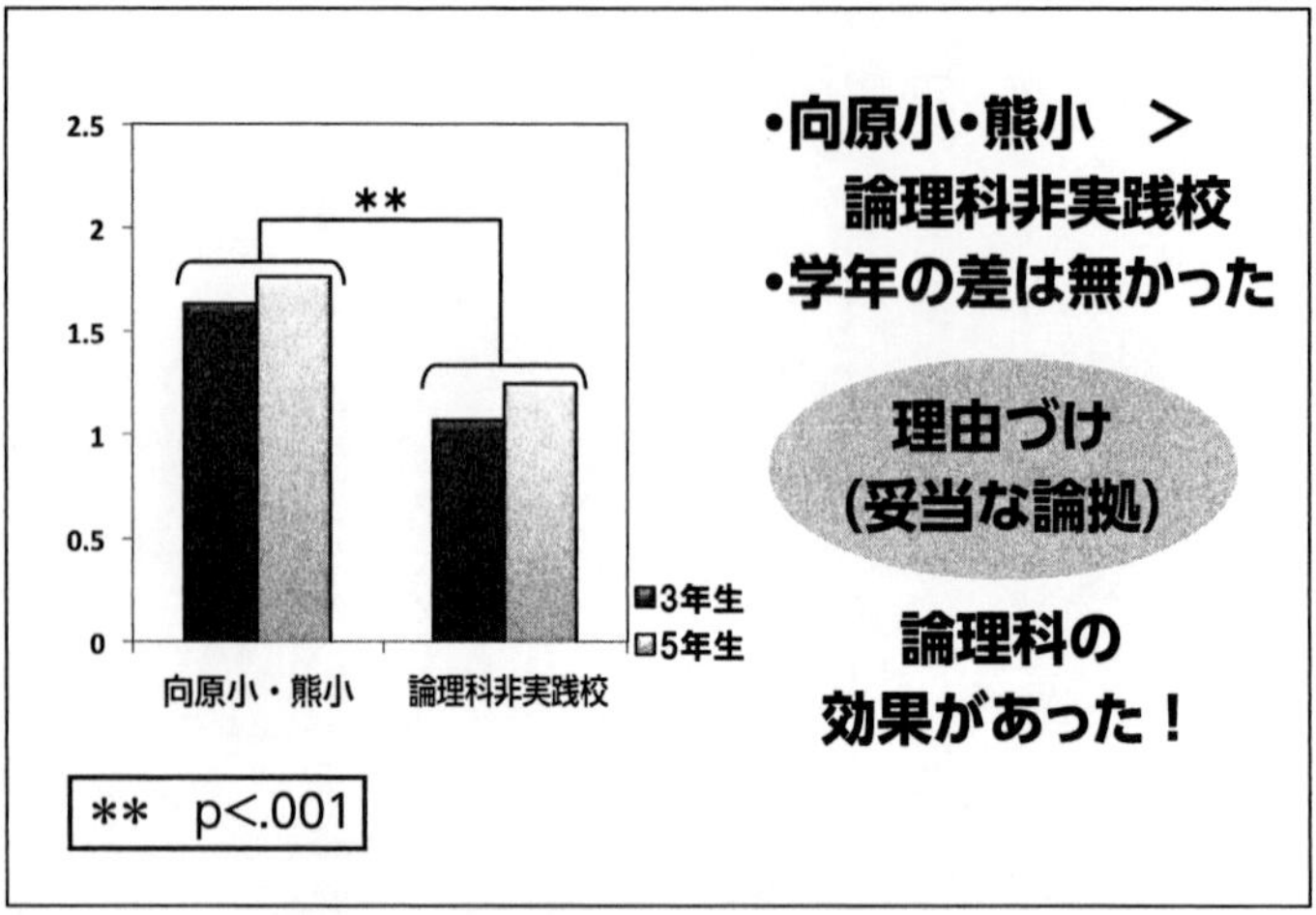

図６－４　理由づけ得点（内田ら，2012 より）

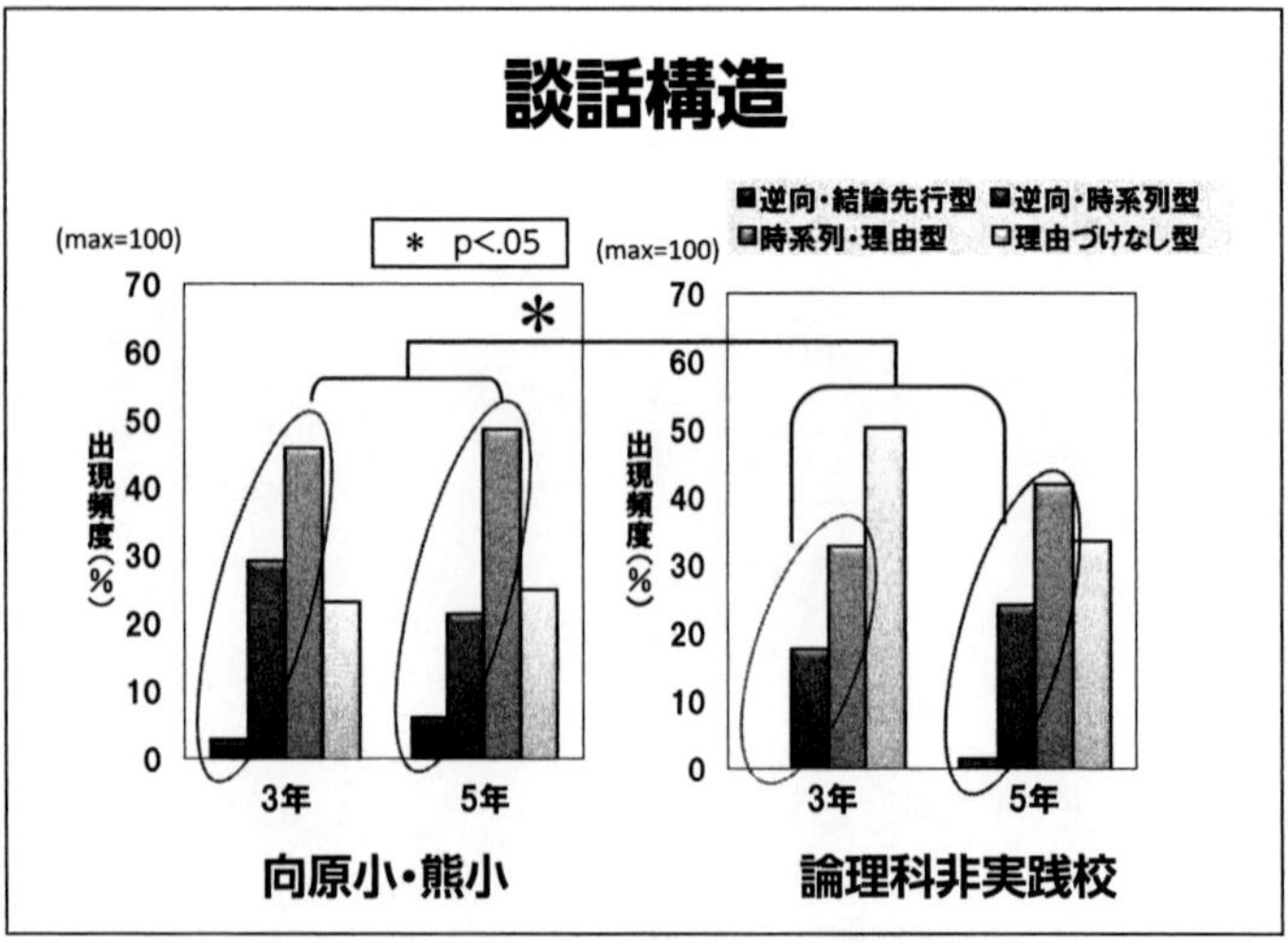

図６－５　説明の構造；結論先行型談話が多い

として学んでいる向原小も熊小も、結論を先に述べてから論拠をあげる説明スタイルがしっかり修得されたのは注目される結果です。

授業単元名をはっきり「論理科」と告げられて学ぶことで、子どもたちは「新しい授業に取り組んでいるのだ」という誇りや自信がわいたのかもしれません。

では、タイプの違いは説明スタイルになんの効果もなかったのでしょうか？　さらに分析を進めると、論理科タイプⅠとタイプⅡをあわせて実践した熊小の子どもは、タイプⅠのみの向原小に比べて、詳しい説明が書かれていることがわかりました。絵に描かれている要素について両校で違いはありませんが、絵に描かれていないことを想像して、物語作文に仕上げていることがわかりました（**図6－6**）。つまり、向原小はひきしまった説明文、妥当な論拠をあげた説明作文を書いたのに対し、熊小の子どもたちは、想像力を働かせて絵に描かれていない主人公の心情や情景までも記述して物語のような作文を書き上げたのです。作文時間は10分間と同じなのに、熊小の3年生の記述力が非常に高くなったのが注目されます。

実験結果をまとめておきましょう。論理科タイプⅠで、論拠をあげて説得する言語形式を学び、タイプⅡで、全教科で長い単元の学習をすることにより、さまざまな状況に合わせてことばを使うことができるようになったのです。子どもの学びは対話で広がりました。論理科の授業を通して、自発的・自律的に探究する力、そして、論理的力を育てることに成功したのです。

熊小の子どもたちは、授業中に、自分の考えを論拠をあげながら説得する子どもが増えました。家庭でも、親に向かって「論拠は何？」「証拠はあるの？」という発話が増えたそうです。また、先生方も互いの授業を見学し合い、新人教師がベテラン教師に向かって「先生、たつやくんのつぶやきを見落としていましたね」などと遠慮なく批評するようになりました（表6－7）。

子どもたちも、先生方も「適応的エキスパート」に成長しました。論理力や探究心の育ちは、論理科だけではなく、他の教科

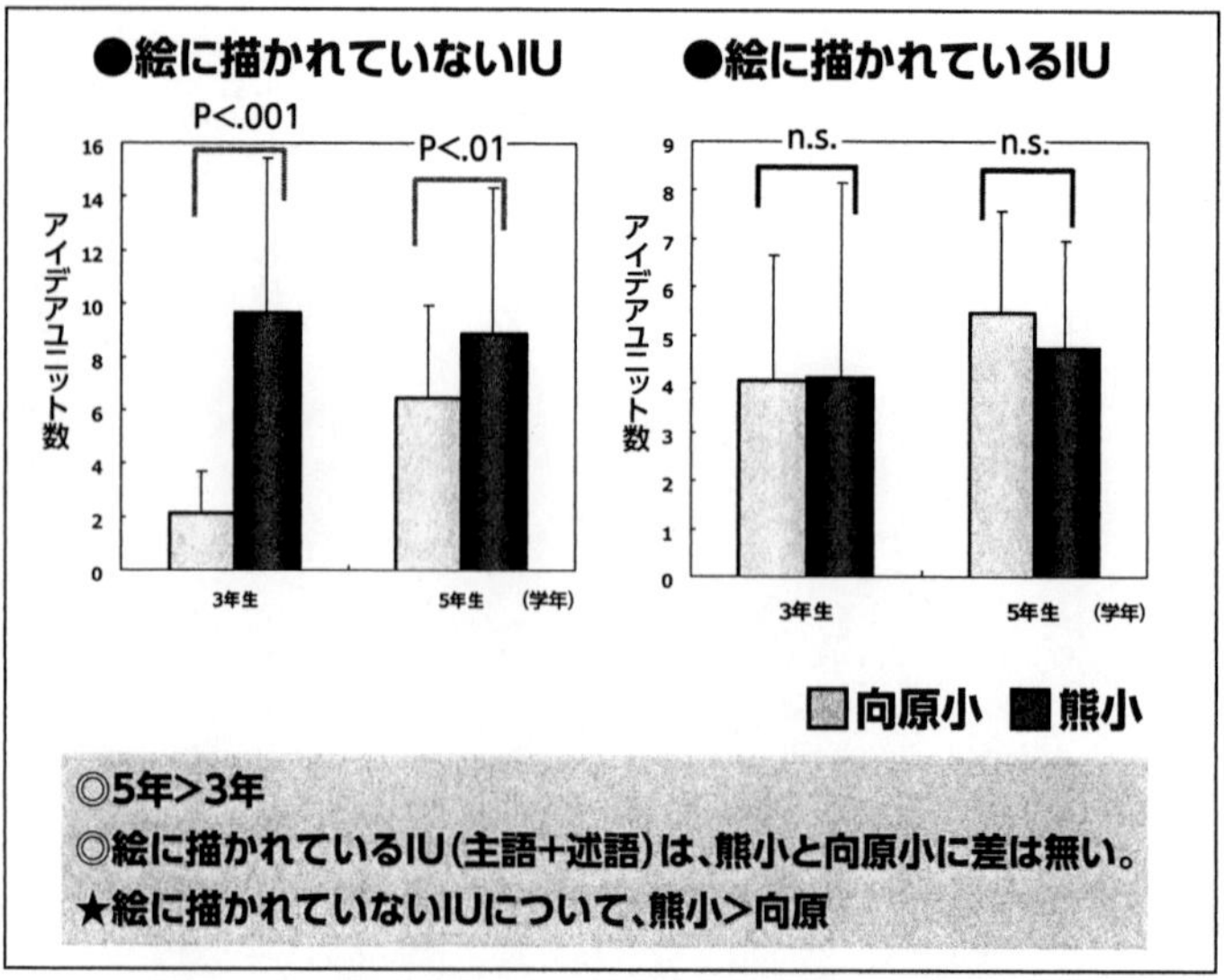

図6－6　説明の詳しさ＝加工度（精緻化）得点の違い

にも転移しました。井上伸円先生の6年生の国語の授業をご紹介しましょう。

この絵、わたしはこう見る

井上先生は、授業の最初にワークシート（図6−7）を配布しました。ワークシートには、①俵屋宗達「風神雷神図屛風」（琳派　江戸時代17世紀）と②パブロ・ピカソ「三人の音楽家」（キュービズム時代20世紀）（光村図書の国語6年上）の絵が載っていて、「二つの絵をじっくり見て、気づいたことや感想を書きましょう。」という教示が描かれています。子どもは2枚の絵を見比べ、ふきだしに感想や批評を書き込むのです。

ワークシートには、「読み取ったこと、感じたことを表現しよう」という呼びかけがあり、読み取ったこ

表6−7　論理科タイプによる違い（内田，2012）

向原小は説明文vs.熊小は物語として豊かな展開
Q　論理科カリキュラムのどこが違ったのか?
結論先行型の論述パターンの習得（両校共）
★熊小；タイプⅠとタイプⅡ⇒日常授業＋生活へ
効果①保護者「理屈っぽくなった」「論拠を聞いてくる」
効果②教師集団⇒「適応的エキスパート」に！
効果③子どもも適応的エキスパートに！
★論理科だけではなくジャンルに応じた記述力が身に着いた！⇒他の教科にもよい効果！

読み取ったこと、感じたことを表現しよう
「この絵、わたしはこう見る」①

名前（　　　　）

○ 二つの絵をじっくり見て、気づいたことや感想を書きましょう。

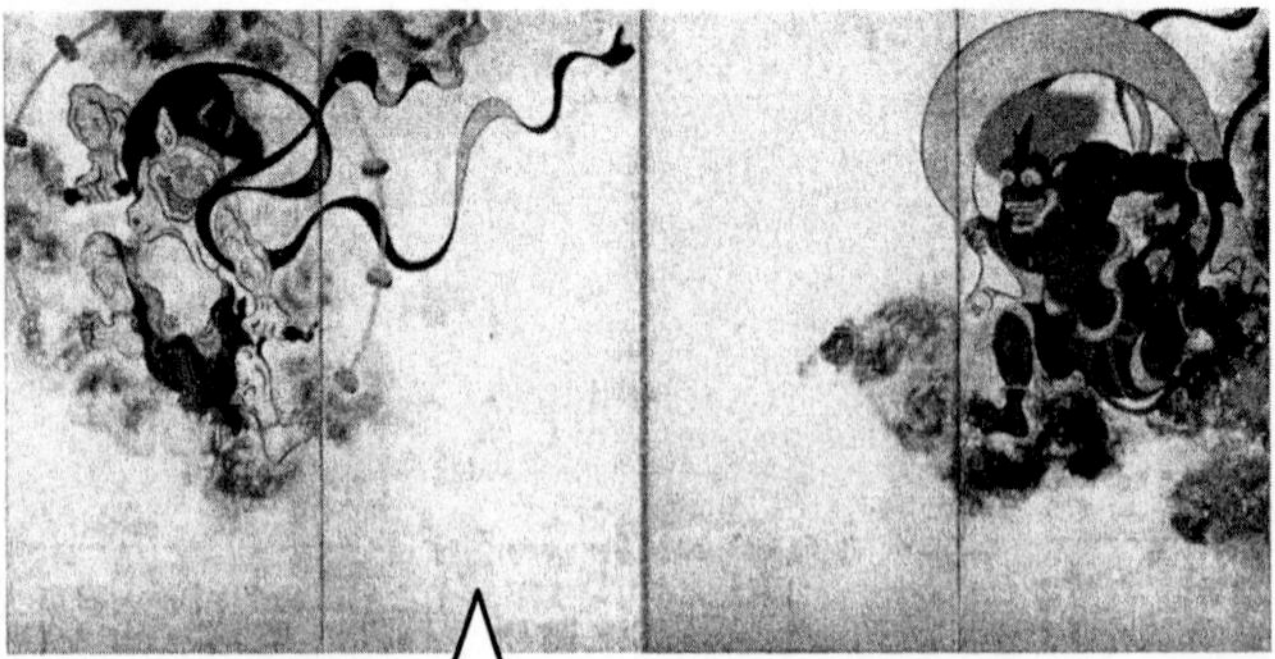

【5年生に伝えたいのは、どちらの絵ですか】

図6－7　ワークシート

＊この授業で配付したワークシートは A3 用紙・横長であるが、便宜上、縦長に加工している。

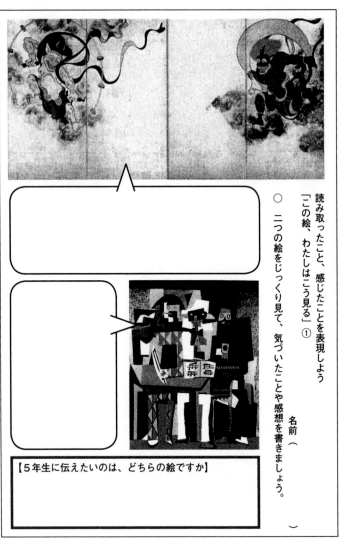

とや感想が記入できるようになっています。ワークシートの最後には【5年生に伝えたいのは、どちらの絵ですか】という問が四角で囲んであります。さらに原稿用紙を配りました。

作文の例をご紹介しましょう。


私は、「風神雷神」という絵を二つの目線からとらえます。

まずは、二人の神の目線が下を向いている事から、下に第三者がいて二人の神が第三者をめぐって、争いをしていると思います。これは、二人の神の目線からとらえました。

次に、二人の雲の動き方に目線を変えました。よく見ると、二人の雲は引き合うようにどんどん進んでいっているように見えるので、この事から、この二人の神は友達で、久しぶりの再会の様子を表しているのではないかと、とらえました。

五年生の皆さんは、この絵をどうとらえますか。私は、異なる二つの目線からこの絵をとらえましたが、一つ注目する一点を様々な形でとらえるのもいいと思います。

（6年　S・K）
▶（国語が得意な優等生です）

　ぼくは、この絵は三人の音楽家がみんな並んで写真を撮っていると解しゃくしました。

　まず、三人の表情を見てください。三人ともこちらを見ていますね。ここから楽ふに視点を移すと楽譜がこちら側に向いているのが見えるはずです。という事は演奏できる状態になっていません。そこで僕は二つの仮定をしました。①今から演奏する…意外と可能性が低いです。なぜならこの三人はきん張感をもっていないからです。
　②記念写真だとすごく可能性が高いです。なぜなら楽譜がこちらを向いているのはどんな曲をひいているのか教えるため、記念写真をとるため当然きん張感を持たないはずです。なので、この絵の三人はすこし笑っているように見えます。
　このため、このピカソの絵は三人の演奏家が並んで記念写真を撮っていると思いました。

　みなさんはどう思いますか。


（6年　A・K）

▶（国語が苦手。他の教科もふるわない）

２人の作文をご覧になって読者の皆さまはどんな感想をお持ちでしょうか？

私は、「よく書けている」Ｓ・Ｋさんの作文よりも、国語嫌いのＡ・Ｋくんの作文に魅力を感じます。Ａ・Ｋくんの作文には不注意な交ぜ書き、表記の一貫性に欠けるところがありますが、それでも、私は、こちらの作文に魅力を感じます。

日常授業ではＡ・Ｋくんは、ぼんやり机に座っている児童です。しかし「論理科」の時間になると、がぜん、張り切ります。目が輝きだします。前のめりになって友達の意見に聴き入り、元気よく手をあげて反対意見を述べるのです。

Ａ・Ｋくんの授業態度は、日常授業と論理科でどうしてこうも違うのでしょうか？

論理科の授業では、社会的公正主義の学びの理論に基づき、子どもの「序列」よりも「多様性」が大事にされます。作文嫌いや低学力の子どもにも発言の機会が与えられます。少数意見でも説得力があれば、仲間からも先生からも認められるのです。勉強では褒められた経験のない子も認められ、活躍できる場が与えられます。がぜん、うれしくなり、頭が忙しく働き始めます。一生懸命考えて、意見を発表するようになります。

クラスの３分の２が、５年生に伝えたい絵としてピカソの絵を選びました。ピカソの絵を選んだわけをワークシートからご紹介しましょう。

【S・Tくん】「すごい！」この絵は僕の今年1年間で学んだことが全て描いてある。
【A・Tくん】この絵はとても不思議で見る人が違えば、見方も違ってきます。
【W・Kくん】僕が選んだのはピカソの「三人の音楽家」です。もう片方の絵も確かに素晴らしいですが、こちらの絵の方が色々と考えさせられるので、こちらを選びました。

このように、ピカソの絵を選んだわけをまとめてみると、「ピカソの絵の方が不思議で、考える楽しさや探究する歓びを与えてくれるから」というものでした。

論理科の授業で、「考えることが楽しい」「未知の世界を探究することが面白い」と、子どもたちは感じ始めました。熊小の先生方は全員で「自律的探究者を育てる」という目標を掲げて、授業で論理力を育てることばの教育に取り組みました。子どもたちは、先生方の期待に見事に応え、論理力と記述力、そして探究心を身に付けることができたのです。

賢いナビゲーター

日本では早くから経験主義心理学のジョン・デューイや心理学者のヴィゴツキーの社会的構成主義が取り入れられ、班学習が各地で展開されていました。しかし、当時の日本に「社会的構成主義に立つ学びの理論」（**表6－8**）を消化する素地がなかったために、その理論の最も大切な学びの社会的構成という見方を欠落した形で導入してしまいました。「班学習」や「話し合い」をさせても、必ずしも、新たな知が生産されるわけではありません。

向原小や熊小の論理科の授業では対話型で深い学びが起こります。子どもたちが対話（自己内対話と他者との対話）を繰り返すうちに、新しい知が生まれることを実感するのです。

論理科の成功事例から、対話学習に成功するには

表6－8　社会的構成主義に立つ学びの理論（内田，1996）

(1)構成主義とは、知識は主体自ら学び編成していくものとする立場であり、唯一絶対の知識や技能を否定する。
⇒認められるのは、序列ではなく、多様性。
(2)教育の場から知識の詰め込みや強制を一切排除し、子どもが自ら学ぶ。
(3)交流・協働・互恵学習を組織していく。

⇒交流によって知が社会的に創成される

前提条件が5つあると思います。

第1に、授業で取り上げる教材、学習材が面白くなくてはなりません。面白い教材とは、子どもの生活に身近であり、子どもの生活経験や既有知識を活性化する「材」⇓「財」になるものです。教材が「教財」であるなら、対話によって、オーセンティックな（真正性・切迫性のある）学びの状況が作り出されるでしょう。

第2に、先生は授業の賢いナビゲーターであり、賢いオーガナイザー役を務めることができなくてはなりません。考える主体は子どもですが、先生はわき役として子どもの学びに同行します。わき役とは言っても、学びの全体を捉えた賢いナビゲーターとして、対話学習を生産的なものへと導かねばなりません。子どもたちの考えが煮詰まったとき、議論が堂々巡りをしているときに、先生が適切な援助を与え、足場（スケフォールディング「scaffolding」）をかけてあげなくてはなりません。

第3に、授業の進行を見ながら、隣同士の対話やグループ討論、クラス全体討論など、対話の形式を選び、対話を導入するタイミングを見極められなくてはなりません。

第4に、子ども同士の対話が進まなくなったとき、子どもの心が葛藤しているときに、「葛藤を解決する手立て」を暗示したり、提案したりしていただきたいと思います。

第5に、授業の締めくくりに、子どもたちに学びの振り返り（**表6－9**）、客観をさせなくてはなりません。口で語るだけではなく、書く活動を手段にして、子ども自身が自分の考えを可視化し、自覚化させなくてはなりません。子ども一人ひとりが自分の学びを振り返り、メタ認知を働かせて（**表6－10**）、客観視すれば、個別的・具体的体験が「心的モデル」に抽象化され、他の状況に転移・活用・応用しやすくなるのです。

ことばは子どもの未来を拓く

学校は子どもの潜在力を引き出す場です。子どもが考える機会を与えています

表6－9　論理科では「学びの振り返り」が不可欠（内田，2017）

1. 自己内対話
ワークシート、手紙、感想文、作文の推敲、手紙（きょうだいに伝える、父母に伝える）など。

2. 他者との対話
自分の考えとは違う考えに出会うことによって自分の考えとの葛藤が認識され、自分の考えを相対化する契機となる。
↓
知識は人から与えられるものではなく自ら構成するもの

表6－10　メタ認知の活性化は知識の転移を促す（内田，2017）

1. 「体験」から「経験」への昇華・抽象化
体験の意味を振り返り、その意味を自分の中で構造化したり再構築することで、「腑に落ちる」とか「わかる」といった状態に昇華・抽象化され、経験として「身に付く」⇒［心的モデル」になる。

2. 授業に省察（メタ認知）を組み込む
あらゆる場面で省察を意識することで個々の、個別の体験から多くのことを学べるようになり、学びのプロセスが深まる。
↓
知識が構造化され、応用可能になる⇒転移

か？「知識」を一方的に与える教育になっていませんか？　こんな問題意識のもと、全国で対話型授業が増えています。

お茶の水女子大学附属小学校の浅川学級の6年生の国語の授業で、「言葉は働く」というテーマを取り上げ、対話型授業を行いました（内田・浅川、2006）。指導案に掲げられた単元の目標は「考えを深め、しっかり聴く。一つの考え方について立場や意見の違う人々が意見を出し合い、参加者全員で考えを深めるための話し合いをする」と書かれています。

最初に、オーガナイザー役の子が、「古語を残すべきか否か？」という問題を投げかけました。そこで、対立意見が出てきました。Yくんは、「使わなくなった言葉を保存するのは意味がない。なぜなら、実際に使われていないなら保存されてないのと同じだから」と主張しました。

それに対して、残す方に賛成のIくんは「ぼくは、使われなくなった古語でも、保存するのは意味があると思います。なぜなら、先人たちの考えに学ぶべきものがあるからです。その先人たちの書いた文章を解読するためにも、古語を保存する意味があるからです」と主張しました。

これ以後は、賛成派・反対派が次々意見を出し合いました。最後は、保存賛成派が多数派となり「古語は残すべきだ」という結論に落ち着きました。

浅川先生は授業の最後に「今日学んだことを短歌にまとめてください」とおっしゃいました。学びの振り返りのためのワークシートとして、ピンクや黄色、ブルーの用紙を美しい千代紙で縁取った短冊を準備しておられました。子どもたちは、好きな色の短冊を選び、2分間短歌づくりに集中しました。ピーンと張り詰めた空気の中、子ども一人ひとりの自己内対話が進行していきます。できた人から短冊を白板にマグネットで貼りつけました。

Yくん「ことばとは　生きるものであるがため　死ぬるべき時が　いずれ来るかも」

もう一つ…

「ことばとは　時代とともに変わるもの
　語り手の思いを伝え　必要を　満たしつつ　生きてはたらく」

――字余りの下手な句ですが…実は、私が指導案の欄外にメモしたYくんへの返歌です(^-^;

他者との対話で到達した考えを自己内対話で振り返り、31文字にぎゅっと閉じ込める。授業のあとでも、白板の短歌を読み合い、いろいろな考えがあることに気づいていくのです。学びの振り返り後、休憩時間になっても、互恵楽習は続いていくのでした。

終章では、これまでの考察を踏まえて、「ＡＩに負けない力」を取り上げます。またＡＩに負けない子育てや保育・教育について提案したいと思います。

アサミさんへ

　目指していた中学受験は残念ながらうまくいかなかったということですね。

　でも中学が最終目的ではないのですから、お母さま自身ががっかりなさるのは、お嬢さんにとって、とても残酷ですよ。お嬢さんは第一志望の中学受験がうまくいかなかったら、第二、第三志望の中学に行くことは到底考えられなかったのでしょう。そして第二、第三志望の中学に入っても、お母さま自身も満足できなかったのではありませんか？　健闘したのはお嬢さんなのです。「よくがんばったね」と讃え励ましてあげてください。世も末などというがっかりした表情をお母さまはなさらないように、お願いします。

　お嬢さん主体に考えてあげてください。お母さまの欲を押し付けないでください。中学受験に失敗しても、高校受験でがんばればよいのです。また大学受験、就職、伴侶の選択など、人生にはお嬢さん自身で取り組まねばならぬ選択の機会はたくさんあります。

　中学では教科担任制となり、教科ごとに異なる先生から学びます。小学校での学びとはまるで違います。指導力のある、よい先生にめぐりあえば、好きな科目も出てくるはずです。またクラブ活動もお嬢さんのこころとからだが成長する貴重な機会です。中学段階は、「生涯の友」

とめぐりあえるチャンスなのです。中学時代の生活を大事に、丁寧に送れるようサポートしてあげてください。親がレールを敷いて、先回りしてお子さんを走らせようとするのは厳禁ですよ。

お嬢さん自身で選択できるよう励ましてあげてくださいね。

思春期は、心とからだがグーンと成長する時期です。将来、どんなことを目指すのか、何をしたいのかを探究・探求する時期でもあります。親から自立・自律する大事な時期です。一人の人格をもつ「人として・女性として」、敬意をもちながら、親子の触れ合いを大切に、「共有型しつけ」で関わってあげてください。常に、3H――「ほめる」「はげます」「ひろげる」ことばかけをお願いしますね。大人の女性同士、なんでも話し合える親子であられるよう願っています。

終章

AIに負けない力

ウェッブ子育て相談室に寄せられたメールから始めましょう。

ジュンコさんのご相談

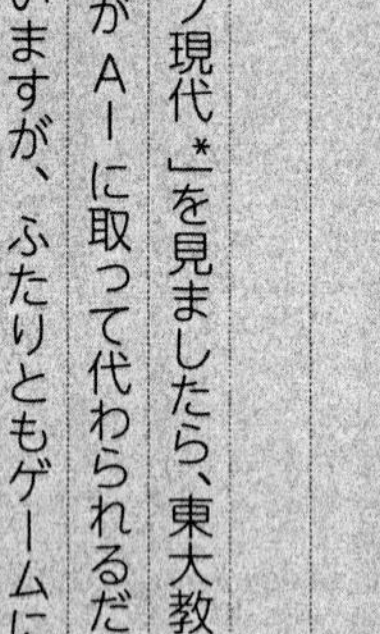

ノブコ先生

先日、「NHKのクローズアップ現代＊」を見ましたら、東大教授が、「40年後には、今ある仕事の49％がAIに取って代わられるだろう」と述べていました。小5と小3の息子がいますが、ふたりともゲームに夢中です。私は子どもにゲームを与えることに抵抗があります。ですからゲームをしないように強く言ったら、学校で友達にゲームを持っていないなら遊ばないと言われたそうです。ゲームばかりやっていたら、ゲーム依存症になり、将来は、AIに負けて、仕事に就けなくなるのではないかと急に心配になりました。AIに負けない力を育てるには息子たちをどのように育てたらよいですか？　アドバイスをお願いします。

（甲府市在住、ジュンコさん）

＊NHK　クローズアップ現代「AI時代の仕事・教育」2019・4・25　放映

AIに負けない力

ジュンコさんがご覧になった番組を私も観ました。コメンテーターとして出演された田坂広志さん（多摩大学大学院名誉教授・社会起業家論の専門家）は、ＡＩに負けない力を「人間だけが発揮できる力」と定義していました。では、人間だけが発揮できる力は何かというと、①クリエイティビティ（創造力・開発力）、②ホスピタリティ（社会性・接客力）、そして、③マネージメント（調整力・管理力）の３つであるということです。まさに5章で考察した「非認知スキル」に該当しています。田坂さんは、メガネ技術販売員を例として取り上げていましたが、２０３０年までに、現在の販売員の仕事の51・7％がＡＩに取って代わられるだろうと予想しておいででした。

番組全体を通して伝えられた、ＡＩの強みは、第1に論理的思考力、第2に専門的知識、そして、第3に既有知識の検索速度であるとまとめることができます。もう一人のコメンテーター、松尾豊さん（東京大学大学院光学系研究科教授・人工知能の専門家）は、ＡＩの強みの第4として、「学習能力」をあげておられました。これら4つの力は、「受験偏差値」で代表される力です。受験偏差値がいくら高くても、ＡＩ時代を乗り越えていくことはできません。

ＡＩ時代の子育ては、自分で問題を発見し、問題を解決する力、そして環境や状況に合わせて解決の仕方をいくらでも変える柔軟性を最大限に伸ばすしかないという答えが見えてきます。親や先生は、問題解決能力や適応力、柔軟性を育むのに、どうしたらよいでしょうか。ジュンコさんにアドバイスするためにも、子育ての仕方について考察を進めてみたいと思います。

しつけスタイルとことばの力

5章で取り上げた読み書き能力の発達についての国際比較縦断調査をもう一度振り返ってみましょう。私たちは経済の発展段階が違っていて、儒教や仏教を背景にもつ、漢字圏のアジア諸国、日本（東京）・韓国（ソウル）・中国（上海）・ベトナム（ハノイ）・モンゴル（ウランバートル）、各国の3、4、5歳児各1000名ずつ合計3000名を対象に個人面接調査を実施しました。そして彼らが小学生になるまで追跡し、小学校でPISA型学力テストを受けてもらいました。（内田・浜野、2012）。

調査結果をまとめてみると、**表L-1**のようになります。小学校段階で実施したPISA型学力テストの成績と因果関係があったのは、①幼児期に「子ども中心の保育」（自由保育）の幼稚園や保育園に通園して自発的な遊びをたくさんしていたか、②家庭で絵本の読み聞かせをしてもらったか、③家庭でも保育園でも手先を使う遊びをたくさんしていて指先が器用だったかの3つでした。さらに加えて乳幼児期の会話が語彙得点を高めている可能性が示唆されました。

そのように考えたのは、学習系の塾に通っていても語彙得点が高くなるわけではないという興味深い結果が出たことによります。つまり、習い事をしている子どもは、全く習い事をしていない子どもに比べて、ことばの力（語彙得点）が高かったのです。しかも、習い事の種類は関係なく、芸術運動系（ピアノやスイミングなど）でも学習系の習い事（学習塾や英会話塾など）でも、ことばの力には差がなかったのです。このことは学習塾で文字の読み書きの訓練や計算問題のドリルをいくらやっても、知力の指標になる語彙力は発達しないということを意味します。これは、学歴至上主義の韓国や富裕層の子どもを塾に行かせるベトナムでも同じ結果でした。

なぜこのような結果になったのでしょうか？ それは、

表L－1 経済格差と読み書き能力・語彙力との関連
—日韓中越蒙国際比較短期縦断研究（内田・浜野，2012）

- **読み書き能力については所得と関連はないが、語彙力については所得の高いほうが豊かであった。**
- **指導の形で教えられる一斉保育よりも、自由遊びの時間が長い「子ども中心の保育」のほうが語彙力が豊かになる。**
- **所得の高低にかかわらず、強制型のしつけよりも共有型のしつけをしている家庭のほうが、読み書き能力・語彙力共に高い。**
- **所得よりも、触れ合いをを重視し、楽しい体験を共有する家庭の子どもの語彙力が豊かになる。**

多様な会話が起こるかどうかが影響しているのではないかと推測しました。つまり、芸術・運動系であろうと受験塾など学習系の塾であろうと、習い事をすることにより、家庭や幼稚園・保育園で会話する大人とは違った大人に出会い、いろいろなことばを聞く機会が増え、コミュニケーションが豊かになることが、語彙得点を高める——ことばの力の発達を促しているのだろうと思われます。

さらに分析を進めてみたところ、小学校の学力と因果関係があった要因はもう一つありました。

それは、親のしつけ方です。親へのアンケート調査から、子どもの教育に配慮している親は、子どもへの関わり方、つまり、子どものしつけのスタイルも違うのではないかと思われました。確かに、しつけ方は家庭によって違うことが明らかになりました。

調査に参加した親のしつけスタイルは、①「共有型」（触れ合いを重視し、子どもとの体験を享受・共有する）、②「強制型」（大人中心のトップダウンのしつけや力のしつけで子どもを従わせる）、③「自己犠牲型」（子どもが何より大切で、子育て負担感が大きい。育児不安か放任・育児放棄の二極化）の3つに分かれました。

しつけスタイルとリテラシー（読み書き能力）や語彙能力はどのように関連しているかを明

らかにするため、「共分散構造分析」（一つ一つの要因を統制してリテラシーや語彙得点がどの要因と関連しているのかを検出する統計法）にかけたところ、共有型しつけを受けている子どもの模写力や語彙得点が高く、強制型しつけを受けている子どもの模写力と語彙得点は共に低かったのです（図L－1「共有型」、図L－2「強制型」）。

共有型しつけの親は本好き

家庭所得の高低にかかわらず、共有型しつけをしている家庭には蔵書が多く、親も本好きであることがわかりました。親は乳児期から子どもに本の楽しさを知ってもらいたいと願い、絵本の読み聞かせをしていました。親も本好きな家庭で育った子どもは、読んだり書いたりなどのリテラシー

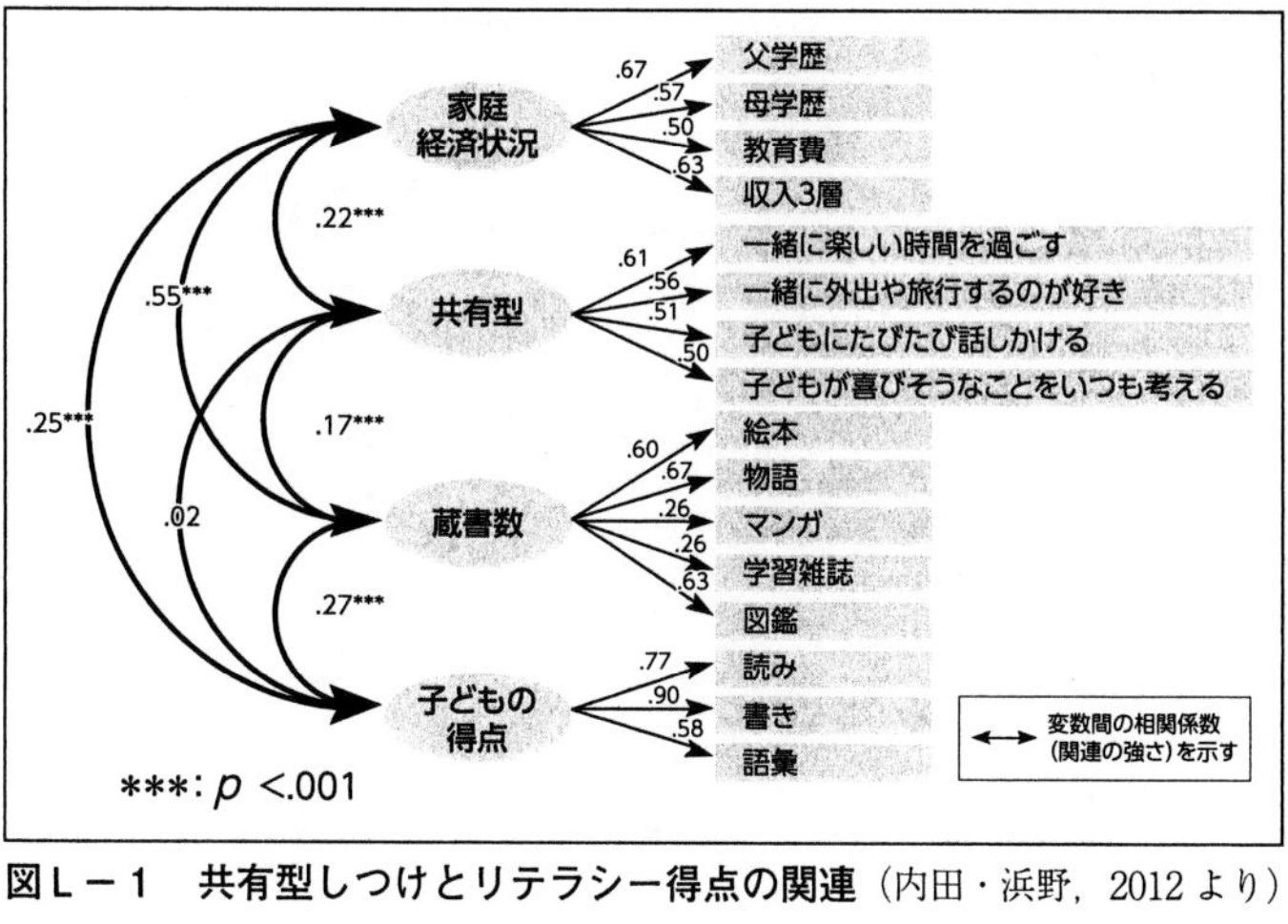

図L－1　共有型しつけとリテラシー得点の関連（内田・浜野，2012より）

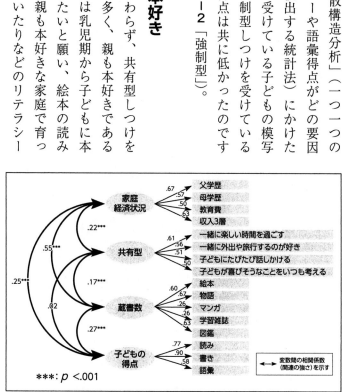

得点・知力の指標になる語彙得点ともに高かったのです。

逆に、「決まりを作りやかましく言わなければ気が済まない」「言いつけた通りにするまで子どもを責め立てる」「行儀をよくするためには罰を与えるのは正しい」「しつけのために子どもをたたくこともよくある」「悪いことをしたら罰を与えるべき」「できるだけ親の考えの通りに子どもを育てたい」「すべきことをするまで何度でも繰り返し責め立てる」など、トップダウンの強制型しつけスタイルのもとでは、家庭の所得の高低にかかわらず、子どものリテラシー得点と語彙得点が共に低く、家庭の蔵書数も少ないという特徴が見られました。

以上から、家庭の所得にかかわりなく、大人が子どもと対等な関係で触れ合いを重視し、楽しい

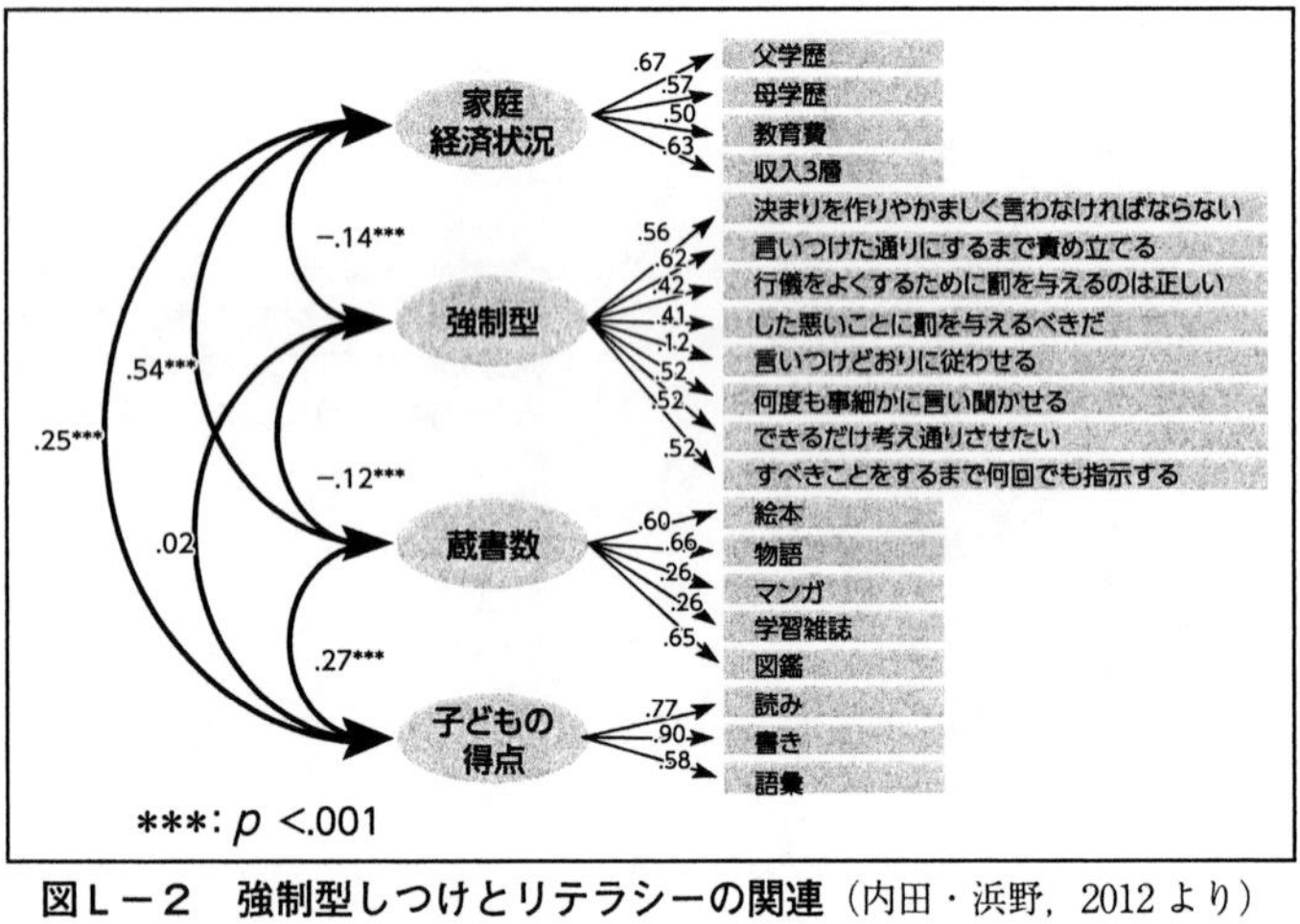

図L－2　強制型しつけとリテラシーの関連（内田・浜野，2012より）

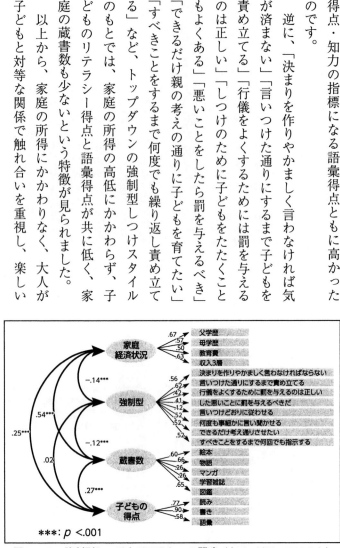

体験を共有する家庭の子どもの語彙力が豊かになることが示唆されました。

親子の会話がPISA型学力テストに影響する

幼児調査に参加した5歳児（920名）を小学校1年（321名）まで追跡しました。そして、小学校1年生の3学期に語彙検査（芝式語彙検査）と国語学力検査（PISA型読解力検査）を受けてもらいました。幼児期の語彙能力（絵本の読み聞かせ体験）と書き能力（図形の模写能力）、造形遊びやブロック遊びをよくしていた手指の巧緻性の高い子どもは、小学校の国語学力テストの成績が高くなることが明らかになりました（**図L-3**）。

小学校の学力への影響因をまとめると、**表L-2**のようになります。幼児期のしつけスタイルは、小学校でのPISA型学力テストの成績に影響することも確認されました。つまり、幼児期に共有型しつけを受けた子どもたちの小学校での国語学力や語彙力が高くなります。逆に、幼児期に強制型しつけを受けた子どもは、国語学力や語彙力が低くなります。

子どもは身近な大人と楽しい会話をすることでことばの力を育んでいきます。子どもが大人との相互作用に、主体的、自発的に関わるときに語彙が増え、言語発達が促されるという知見は多い（例、Fletcher & Reese, 2005；Kang, Kim, & Pan, 2009）。これらの知見では、読み聞かせの量ではなく、どんなふうに読み聞かせるか、言語発達や認知発達、読み書きの習得に影響していることが示唆されています。また親子の問題解決場面での母子相互作用については、ワーチら（Wertsch et al., 1980）が、子どもがパターンブロック課題を解いているときに難題にぶつかり、先に進めないことを敏感に察知して適切な援助や足場（scaffolding）をかけてあげると、子どもが先に進めるようになると報告していま

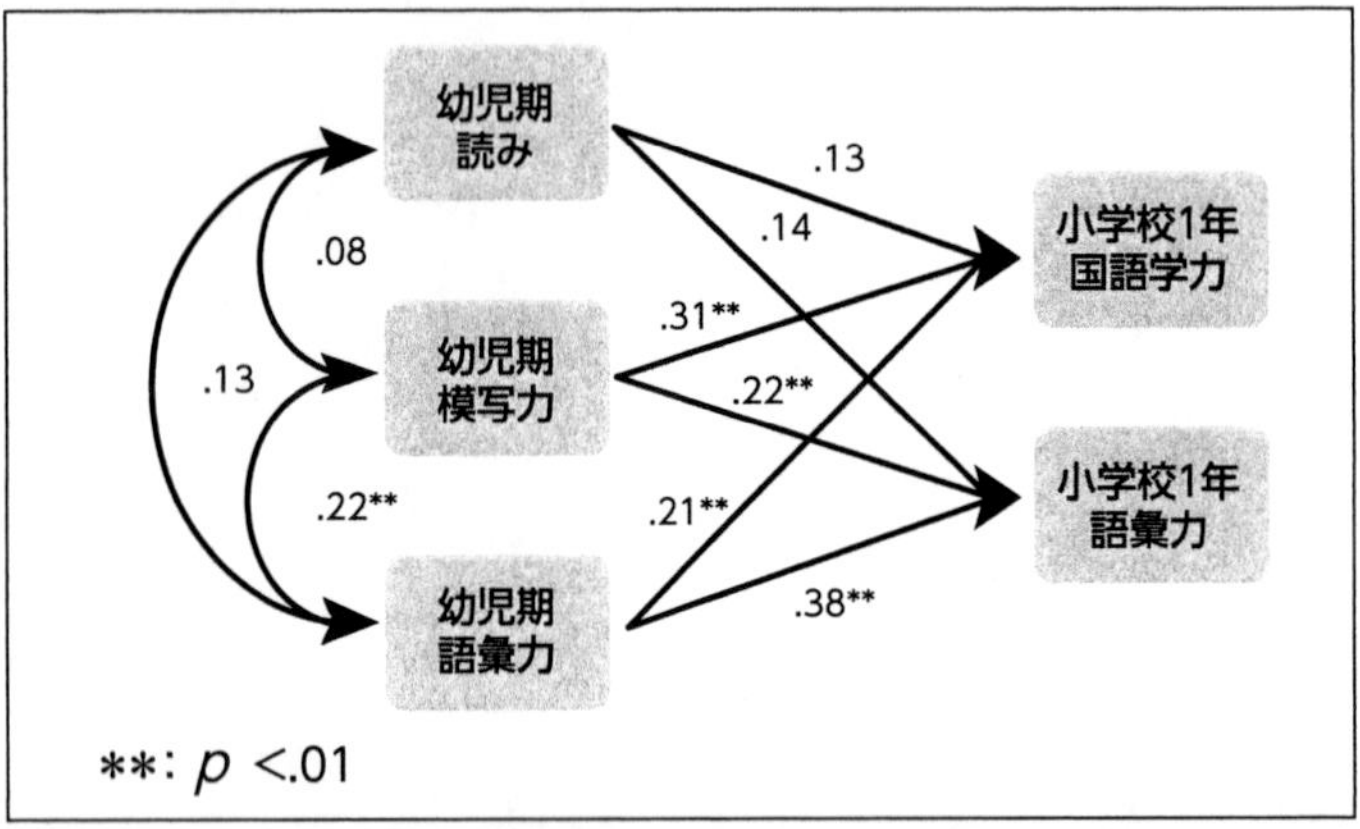

図L－3　幼児期の読み書き能力・語彙力と小学校での国語学力の関係

（内田・浜野，2012より）

表L－2　小学校の学力への影響因

1. 幼児期の語彙の豊かさと指先の器用さは小学校の国語学力に影響する。
2. 幼児期のしつけスタイルと子ども中心の保育は小学校での国語学力に影響する。
しつけスタイルや保育形態は親がコントロールできる。

す。ここから、しつけスタイルにより援助や足場のかけ方が違ってくるのではないかと予想されます。この仮説を検証するため、親子の共同の問題解決場面と絵本の読み聞かせ場面での母子のやり取りを観察することにしました（齋藤・内田、2013a、2013b）

子どもを伸ばす母親のことばかけ

首都圏の家庭から、年収900万円以上の高所得層で、母親が大学や大学院を修了した高学歴の専業主婦の家庭を200世帯選び出し、全員にしつけ調査を行いました。しつけ調査の結果に基づき、家庭の環境はよく似ているのに、しつけスタイルが「共有型しつけ」と「強制型しつけ」と異なる30組ずつ合計60組の家庭を選びました。この60組の家庭を訪問して、ブロックパズルを解く場面（**図L－4**）や絵本の読み聞かせの場面（**図L－5**）での親子のやり取りや会話を観察させていただきました。その結果、共有型と強制型ではことばかけがまったく違っていました。

共有型しつけをしている親は「洗練コード」（elaborated coding）と呼ばれる話し方をしていることがわかりました。一方強制型しつけをしている親は「制限コード」（restricted coding）と呼ばれる話し方をしていました。

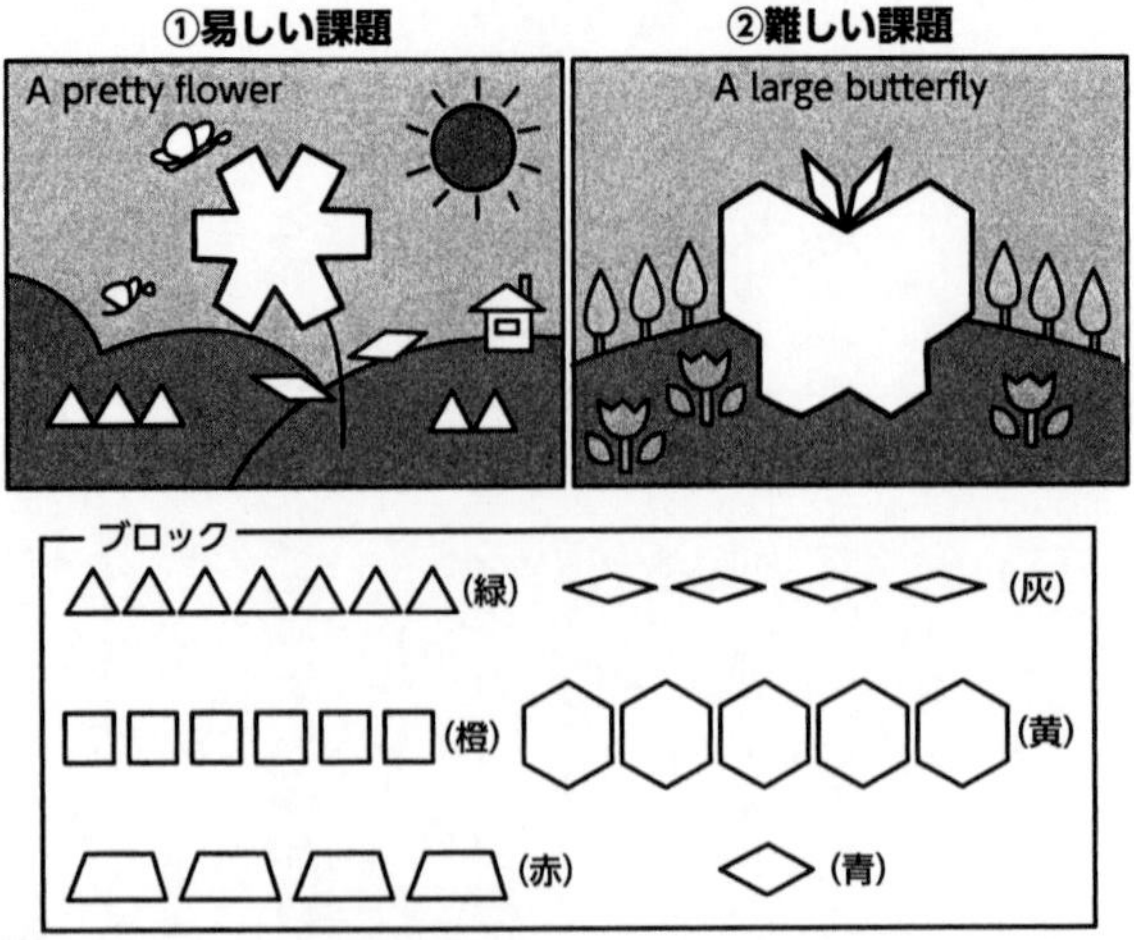

6種類のブロックを2種類の課題シートの空白部分に親子共同で置くように求め、その様子を観察する。

図L－4　ブロックパズル課題（齋藤・内田，2013aより）

(あらすじ) ひよことあひるとうさぎを太らせて食べようとしていたきつね。しかし、純粋な3匹と一緒に暮らすうちに心は変わり、最後はおおかみから3匹を守って死んでしまう。
(文：あまんきみこ・絵：二俣英五郎『きつねのおきゃくさま』)

図L－5　絵本の読み聞かせ場面の母子のやりとりの様子
（齋藤・内田，2013aより）

たとえば、パズルを解いている途中で電話がかかってきた場合を考えてみましょう。共有型しつけの親は「あ、電話がかかってきた。ごめんね。ちょっと待っててね」と子どもに頼み、手短に電話をすませてすぐに子どもに向き合います。「お待ちどおさま。待っててくれてありがとうね。続きを読もうね」と言って、子どもをひざに乗せ、語りかけるように抑揚をつけて読み聴かせます。

それに対して、強制型しつけの親は、このような場面で、「静かにして!」とだけ命令し、自分が電話で話すのを優先します。電話の相手と好きなだけおしゃべりした後、絵本を自分の正面におき、一本調子で読み上げます。子どもは絵本が見たくて、母親の肩越しにわきから絵本のページをのぞきこんでいます。

共有型しつけの母親たちは、子ども自身に考える時間を与え、共感的で援助的なサポートをしていました。子どもに敏感で子どもに合わせて柔軟にことばかけを調整しています。特に、「3Hのことばかけ」、すなわち「ほめる」「はげます」「(視野を)ひろげる」ことばかけ(愛情深い情緒的サポート)がとても多いのです。母親の態度と呼応するように、子どもはのびのびと楽しそうに遊んでいました。主体的に探索したり、自分でどんどん考えたり、工夫する姿が見られました。

ふだんから強制型しつけをしている母親は、この観察場面でも、子どもに考える余地を与えず、指示的・トップダウン的な介入をしばしば行っていることがわかりました。4歳の息子に向かって「ほら、左右同じ色の積み木を並べて」と命令したり、「左右同じ色じゃないと、きれいじゃないわよ」と自分の価値観を押し付けたりします。わが子に「正解」を出させたくて、「線対称に並べてごらん。ちがう、線対称になるようにって言ってるでしょ？　だめじゃない、ママの言ってること、ちゃんと聞かなくちゃ」と自分の思いを4歳の息子に命令口調でぶつけている親も、ふだんから強制型しつけをしているお母さんでした。

絵本の最後のページでの母親のことばかけの違いを示しましょう。共有型しつけの親は、子どもが何か話すまで待っています。子どもが最後の場面で、「え？　きつねさん死んじゃったの？」「どうして死んじゃったの？」「かわいそうになあ、あんなにしんせつだったのに」などと悲しそうな声で言うと、共有型しつけの母親は、「そうね。かわいそうにね。どうして死んじゃったんだろうね」と子どもをなぐさめるように共感的なことばを返します。

強制型しつけの母親は、絵本の読み聞かせをした後、絵本をパタンと閉じると、まるでテストをするかのように「今度は、今のお話を思い出して、ママに話してみて」と言ったり、子どもがつっかえると、「ちゃんと聞いていなかったのね。そんなんじゃだめ。『お話の記憶』、テスト（お受験のことでしょう）に出るわよ」などと非難したりするのです。褒めたり励ましたりといったことはなく，禁止や命令，強制的な指示のことばかけや，「ママが言った通りにすればよかったのに。ママの言うこと聞かないからできないじゃない」などといった「勝ち負け」のことばかけがとても多かったのです（**図L－6**）。

このような母親の態度に呼応するように，子どもはおどおどと，母親の指示を待ち，顔色を見ながら，しかも叱られやしな

まるまる　ふとった　ひよこと　あひると　うさぎは，にじの　もりに　ちいさい　おはかを　つくった。
そして，せかいいち　やさしい　しんせつな　かみさまみたいな　そのうえゆうかんな　きつねのために　なみだをながしたとさ。
とっぴんぱらりの　ぷう。

（文：あまんきみこ・絵：二俣英五郎『きつねのおきゃくさま』）


【共有型】

母親（子どもの顔を見ている）

子ども「え？　きつねさん死んじゃったの？　やさしかったのに。しんせつだったのに」

母親「そうね。しんせつだったのにね」

と共感的にサポートする。


【強制型】

母親「とっぴんぱらりの　ぷう。（パタンと本を閉じて）今のお話どういうお話だった？　言ってごらん」

（子どもが間違えると…）

母親「え？　ママそんなふうに言ってない。ここ読んでごらん」

（子どもに読ませ）

母親「ほらね。間違えてるじゃない。ダメよ。ママのことばしっかり聞いてないと！」

と勝ち負けのことばを投げつける。

図L－6　共有型と強制型の母親の子どもへのことばかけの違い
（齋藤・内田，2013aより）

いかと緊張している姿が見られたのです。

ビデオを一緒に分析していた大学院生と私は顔を見合わせ、「かわいそうにね。また叱られた。これじゃあ、ちっとも楽しくないよね。本嫌いになっちゃうね」と話しました。

洗練コード vs. 制限コード
AIに負けない力はどちらで育つ？

共有型の母親と強制型の母親のことばかけの違いを比較してみましょう（表L－3）。

共有型の母親たちは、「洗練コード」と呼ばれる話し方をしていました。洗練コードとは、提案型で理由も言ってあげる話し方を指しています。たとえば、靴下を子どもにはかせたいと思ったときは、「靴下はいたらどうかしら？　足が冷たくなくっていいんじゃな

表L－3　問題解決場面や絵本の読み聞かせ場面で見られる母親のことばかけとしつけスタイルとの関係
（内田・浜野，2012より）

【共有型（洗練コード）】	【強制型（制限コード）】
●考える余地を与える援助的なサポートをする。 ●子どもに敏感で子どもに合わせて柔軟に調整する。 ●3つのH（ほめる・はげます・ひろげる）のことばかけが多い。 ↓ 子どもは遊びに熱中し、楽しそうな様子。主体的に探索し、自律的に考えて行動する。	●考える余地を与えない指示的・トップダウン的な介入をする。 ●過度な介入、情緒的サポートの低さがみられる。 ●3つのHことばかけがない。 ↓ 子どもは親の指示を待ったり、顔色をうかがったりと、緊張している様子。主体的に探索せず、他律的な行動をとる。

い？」と子どもに判断を任せる言い方をしています。子どもに対して敏感で、指示するのではなく、あくまでも子ども自身に決定を委ね、それをわきから支える援助的な関わりをしていました。子どもの側は親の態度に呼応して、自発的な探索行為が多く、自分自身で考え、工夫して課題を解決しようとする態度が見られました。課題に取り組んでいる親子の様子は、リラックスしていて、とても楽しそうでした。

一方、強制型の母親は、「制限コード」と呼ばれる話し方をしていました。制限コードというのは禁止や命令で子どもの行動を強制的にコントロールすることばかけを指しています。子どもの解決中に過度な干渉や介入をし、母親が想定した「正解」に到達するよう強制している姿が見られました。それに呼応するかのように、子どもは母親の顔色をチラチラうかがい、母親の指示を待ち、自発的・主体的に探索しようとはしませんでした。困ったときにはすぐに母親に助けを求め、正解は何かを探ろうとします。子どもは一種の思考停止状態になって母親が指示を出してくれるのを待っているのです。母親の指示に従い、母親に依存しながら課題を解決しようとしていました。母親が働きかけるとすぐにそれに従ってしまう態度が育ってしまうと、自分から自発的に課題を解決したり、新しい課題に挑戦したりすることができなくなってしまいます。そこで、強制型しつけのもとでは、子どもの非認知スキル――ＡＩに負けない力は育っていかないのでしょう。

共有型しつけのもとで、子どもは伸び伸び楽しそうに振る舞っていましたが、強制型しつけのもとでは、子どもは萎縮し、母親の顔色をうかがい、母親に叱られないように緊張していたのです（**表Ｌ－４**）

ＡＩに負けない力を育むには、親や先生は作家の下村湖人さんが言われたように、「子どもを従順な動物にしてはならない」のです。

表Ｌ－４　共有型で、なぜ語彙力が向上するのか？
－絵本の読み聞かせ場面とブロックパズルの解決場面－

■共有型「洗練コード」

✓ 考える余地を与える(援助的)サポート
✓ 子どもに敏感で子どもに合わせて柔軟に調整する
✓ 3つのH（ほめる・はげます・ひろげる）の言葉かけが多い

↓

✓ **主体的に探索し、自律的に考えて行動する**（遊びに熱中し・楽しそう！）

■強制型「制限コード」

✓ 考える余地を与えない指示的・トップダウン介入
✓ 過度な介入、情緒的サポートの低さ
✓ 3つのHのことばかけ無し

↓

✓ **主体的に探索せず、他律的行動**（親の指示を待ち・顔色を見ながら・緊張しながら！）

子供を格言の陳列棚にしたり、従順な動物にしたりしてはなりません。

下村湖人

作家は、子供の登山を例に次のように語る。
親が子をおんぶして登るのは論外。
子供を先導したり、道を詳しく教え一人で行かせたり、
すべて子供に任せたりするのではなく、
親子が一緒に道を探しながら登るのがいい。
教育で重要なのは説教や訓戒や鍛錬ではなく、その「道行き」であり、
子供が、自身を内から奮い立たせるその工夫だと。
随想集『青年の思索のために』から。

〔鷲田清一　朝日新聞2018・1・11「折々のことば」より〕

しつけは将来の社会的成功を予測する

乳幼児期に共有型しつけを受けた子どもと強制型しつけで育った子どもは将来どんな大人になるでしょうか。調査によって幼児期の親のしつけは小学校の学力テストに影響することが明らかにされました。では、それ以降はどうなのでしょう。まさか、大人になるまで影響は続かないだろうと考えてはいましたが、気になって仕方がありません。乳幼児期のしつけの影響力を成人で調べてみたいと思いました。

そこで、私は2013年の春、首都圏（東京都・神奈川県・千葉県・埼玉県）で、23～28歳までの成人の息子や娘を2～3人育てた家庭2000世帯を抽出して、親は子どもが乳幼児期～児童期に何に配慮して子育てしたかについて、「ウェブ調

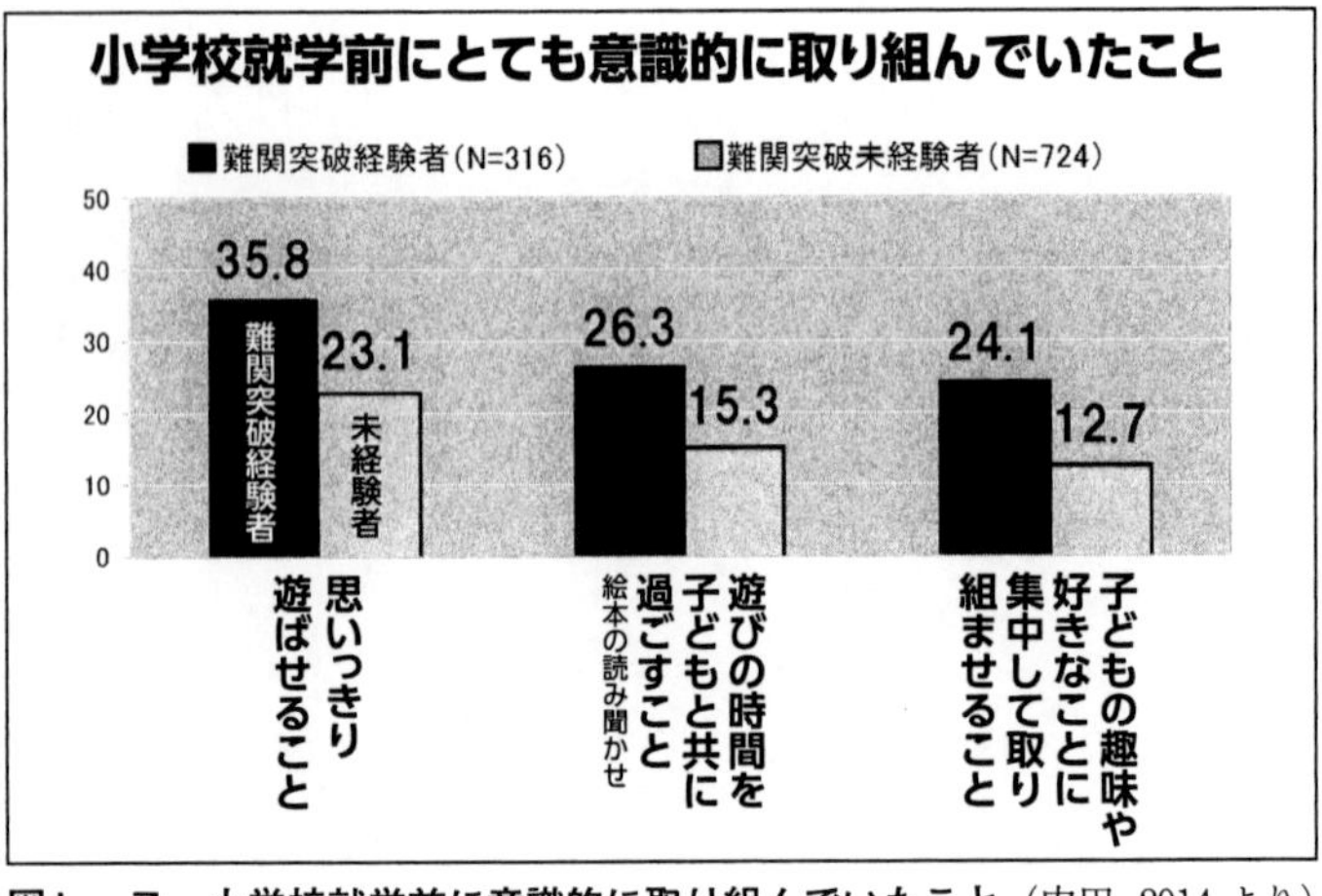

図L―7　小学校就学前に意識的に取り組んでいたこと（内田，2014より）

査」（インターネットを活用した調査で親に回答してもらう）をしてみました（内田、２０１４）。

するとと興味深い結果が明らかになりました。受験偏差値が68以上の難関大学・学部を卒業して難関試験（司法試験や国家公務員第一種、調査官試験、医師国家試験、外交官試験など）を突破したお子さんをもつ親は、就学前に、「子どもと一緒に遊び、子どもの趣味や好きなことに集中して取り組ませた」と答えました。また絵本の読み聞かせも十分に行っていたことも明らかになりました（**図L－7**）。

また、どんなふうに親は子どもに接していたかを尋ねると、子どもとの触れ合いを大切にし、親子で楽しい経験を共有する「共有型しつけ」をした親が多かったのです（**図L－8**）。

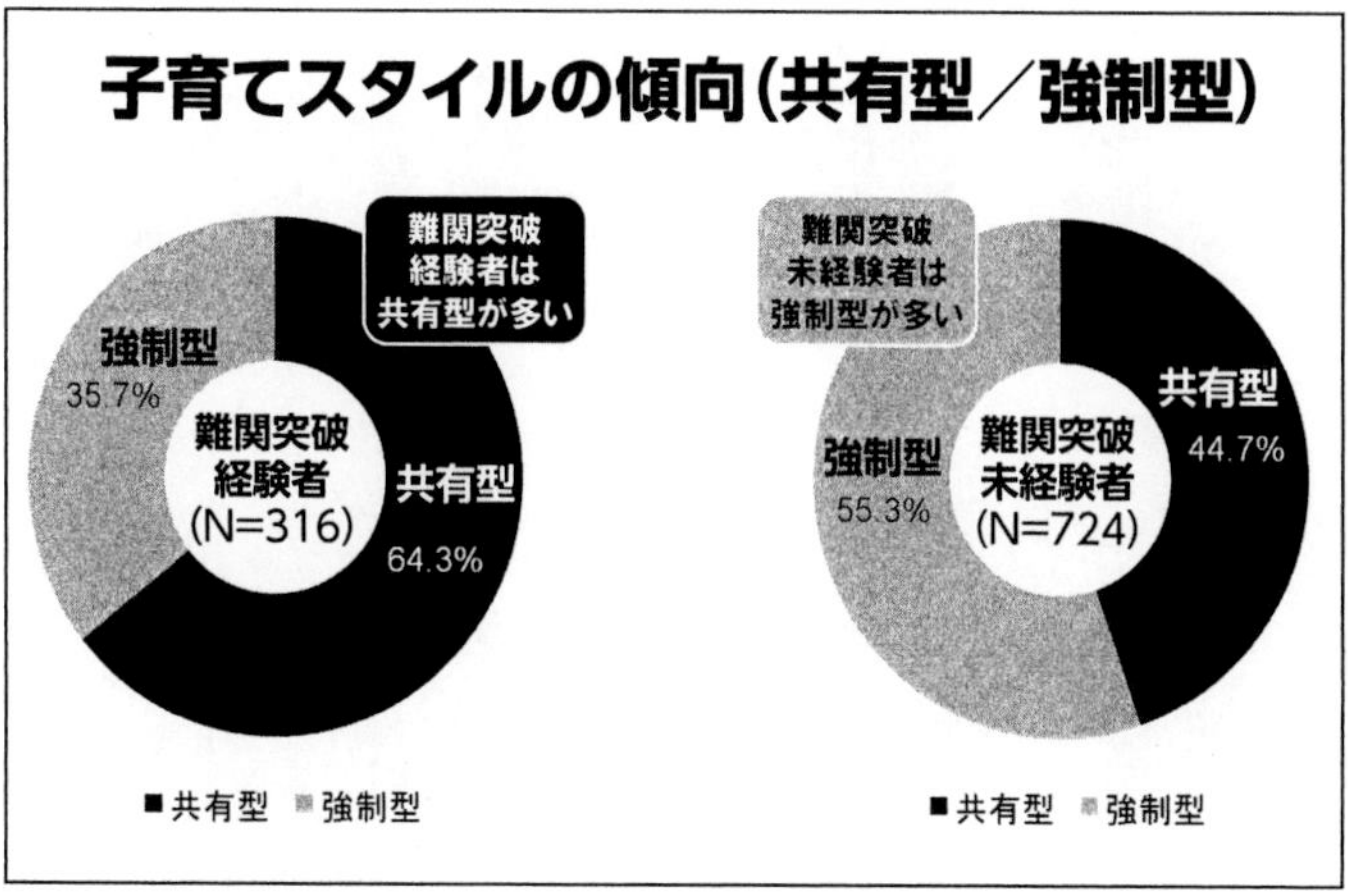

図L―8　子育てスタイルの傾向（共有型／強制型）（内田、2014より）

では、どうして乳幼児期のしつけが、大人になるまで影響を与えたのでしょうか。

親が子どもの自発性・内発性を大事にしていて、子どもが熱中して遊ぶのを認め、「おもしろそうだね」と共感してくれるということは、子どもにとって、何よりの安心になります。大好きな親に褒められるとうれしいし、達成感も倍加します。小さな成功経験を重ねながら自信もわいてきます。難題をつきつけられても、「きっと自分は解決できる」という気持ちになり、挑戦力もわいてきます。こうして大人になるまで、自分で目標にしたことを自力で達成する経験を積み重ねた結果が、難関試験を突破する力に育っていったのでしょう。

調査結果をまとめると…

調査結果をまとめますと、幼児期の語彙能力と手先の器用さは、小学校の国語学力に影響すること、さらに共有型しつけスタイルは語彙得点や国語学力の成績に因果的に影響していることがはっきりしました。

夫の学歴や家庭の収入は、母親ひとりの力ではどうにもなりませんが、しつけスタイルは自分でコントロールすることができます。どのような保育を実践している園かも親が選ぶことができます。

ですから、教育社会学者が主張した「学力格差は経済格差を反映している」というのは、見かけの関連（相関関係）にすぎません。学力格差は経済格差をもたらす原因ではないのです。

高所得層の家庭では、団欒《だんらん》の時間が多く、文化資源が豊かで、蔵書数も多いのです。親子で旅行に出かけたり、美術館や博物館に出かけたりするなど、子どもの体験を豊かにする機会も多くなっています。そういった家庭では親は子どもの主体性を大事にし、子どもを、人格をもった存在として敬意を払い、子どもの主体性を尊重する「共有型しつけ」になることも多いのでしょう。先述の調査でも、何よりも「子どもが好きそうなことを考えた」「子どもと会話するのが楽しかった」と答える人が多数いました。この親たちは子どもがやることを面白がって見ていました。自由記述欄には「子育ては楽しい」「子どもと一緒にいるのは幸せだ」などとあり、子育てを楽しんでいる様子がうかがわれました。

5章で取り上げた文部科学省のコメント「幼稚園卒は保育園卒より正答率が高い」にあるような、幼稚園か保育園かが子どもの学力に関係するわけではありません。幼稚園か保育園かの園種は学力格差となんの関連もありません。子どもの主体性を大事にする保育実践や子育ての仕方こそが子どもの語彙力に影響し、学力テストの活用力（ＰＩＳＡ型読解力）の向上に寄与しているのです。世帯収入の格差やしつけスタイルの違い、家庭の雰囲気などの要因は子どもが小中学生になるまで持続します。しつけスタイルは、学力・基盤力である、語彙の豊かさに影響を及ぼしているのではないかと思われます。

親の子どもへの関わり方は、意識して変えない限り、子どもが大人になるまで続くでしょう。そういった関わりを通して、子どもは生き方を学び、考える力や創造的想像力を育んでいくのです。

２０１６年8月26日、２０２０年からの学習指導要領の改訂の基本方針が発表されました。日本はこれまで暗記能力を育てる教育に取り組んできましたが、学びの質を改善するために、「何を学ぶか」から「どのように学ぶか」に力点がおかれる、子どもたちが主体的・能動的に授業に参加できるように「アクティブ・ラーニング」が目玉になりました（その後、「アクティブ・ラーニング」は「主体的・対話的で深い学び」と言い換えられるようになりました）。アクティブ・ラーニングでは教師が一方的に授業をするのではなく、児童や生徒との対話型の授業へと切り換えていくことになります。

学習指導要領改定後、２０１７年に幼稚園教育要領と保育所保育指針、幼保連携型認定こども園の教育・保育要領が改定され幼保が一元化されました。子どもは幼稚園、保育園、こども園、どこに通っても子ども主体の保育を提供されることになりました。幼保一元化は、自由保育（子ども中心の保育）を実践している幼稚園や保育園にとって自分たちが取り組んできた子ども主体の保育実践を保証してくれるものとなりました。自由保育実践園では、以前から子どもの自由な発想を大事に、子どもが困ったときに保育者が援助するという形での「アクティブ・ラーニング」（自発的・主体的な学び、すなわち「楽習」）に自信をもって取り組んでいただきたいと願っています。

気分一致効果

強制型しつけのもとではどうして子どもは伸びないのでしょうか？

社会心理学分野では楽しい気分のときには記憶力や学習能力が高まり、不快なときには記憶力や学習能力が低下するという現象を「気分一致効果」と呼んで、たくさんの研究がなされています（富山、２００３）。

脳科学分野でも強制型しつけのもとで記憶力や学習能力が低下してしまう証拠が見いだされています。人はストレスの高い状態におかれると、大脳辺縁系の「扁桃体」が緊張や不快感でいっぱいになります。すると、記憶をつかさどる「海馬」で失敗例がよみがえってしまい、思考停止状態に陥ります。つまり、ほかのことを考えられなくなり、頭が真っ白になってしまいます（**表L－5**）。

逆に、気分がよいとき、面白いことに夢中になって取り組んでいるときには、扁桃体が面白いな、楽しいというような快感情で満たされます。すると、情報処理の指令を出す「ブローカ野（ワーキングメモリー）」に情報伝達物質がどんどん送られ、海馬が活性化されるのです。そこで快適な気分のときの体験の記憶を記憶貯蔵庫にどんどん蓄えることができ、知識や経験がどんどん蓄積されていきます。また課題に直面したときには、記憶貯蔵庫をすばやく検索し、解決策を見つけることができるようになります。

叱られながらやった勉強は身に付きません。しかし「楽しい」・「面白い」と思える課題に取り組んでいるときや、自分が好きな活動に取り

表L－5　「気分一致効果」
叱られながらやった勉強はなぜ身に付かないのか？

a.大脳辺縁系（扁桃体と海馬）：敏感期は4歳ごろ
b.前頭連合野のワーキングメモリー：敏感期は5歳後半ごろ

×扁桃体で緊張・不快を感じると
⇒海馬で失敗例が蘇り他のことを考えられなくなる
⇒冷や汗が出たり頭が真っ白になる

○扁桃体が快（面白い・楽しい）を感じると
⇒ワーキングメモリーに情報伝達物質が送られ海馬を活性化し、情報を記憶貯蔵庫にどんどん蓄えることができる
⇒「好きこそものの上手」⇒自尊心が高まる。
⇒意欲や探究心、挑戦力がわいてくる。

組んでいるときには、頭が活性化され、次々と課題を解決することができます。

自発的な活動としての遊びを通して子どもは「楽習」するのです。楽しく活動しているときには「好きこそものの上手」という状態になり、子どもの考える力や課題を解決する力がわいてくるのです。

「遊び」は「仕事」に対立する概念ではありません。また「怠ける」ことを意味しているのでもありません。子どもにとっての遊びとは、こころ・あたま・からだが活発に働いている状態であり、非認知スキル（能力）が育まれているときなのです。漢字学者の白川静さんは「遊」という漢字の語源を分解して、「遊ぶとは絶対の自由と創造の世界のことである」と定義しています。

AIに負けない力

ヒトは長い進化の末に遺伝子の呪縛から脱することに成功した生物です。青山学院大学教授で生物学者の福岡伸一さんによれば、遺伝子の呪縛とは「争え、奪え、縄張りを作れ、そして自分だけが増えよ」という利己的な命令のことです（福岡伸一、2016）。

しかしながら、われわれ人間は、争うのではなく、協力し、奪うのではなく、分け与え、縄張りをなくして、交流し、自分だけの利益を超えて、対話し絆をつくることができます。われわれ人間は遺伝子の呪縛から脱して自由意志で新しい価値を生み出すことができる唯一の種なのです。われわれ人間は、種に〝自動的に〟奉仕するよりも、個と個を〝主体的に〟尊重する生命観に支えられ、共存・協働して生きています。

「ヒト」から「人」へ、そして「人間」へと進化する過程で、ことばと創造力、そしてリテラシーを使いこなす能力を身に付けました。この過程で、人間は自然知能（ナチュラル・インテリジェンス）を最高水準にまで進化させたのです。

自然知能を最高水準にまで進化させた鍵は、ことば、そして、創造的想像力です。われわれ人間は、ことばと創造的想像力、そしてリテラシーを手に入れました。歴史に学び、明日に希望をもちながら、今日を生きています。われわれ人間は、最高水準の自然知能を働かせて、環境に合わせて自分を変えるだけではなく、自分に合わせて環境を変え、新たな価値を主体的に創造しつつ生きているのです。

人工知能（ＡＩ）が、過去の知識を瞬時に取り出し、新しい組み合わせを作り出しても、人間に勝つことはないでしょう。

人間特有の力、それは…？（**表L－6**）

第1に、「クリエイティビティ」を発揮して新たな価値を創造し、

第2に、「ホスピタリティ」によって、他者への共感と思いやりをもちながら、

第3に、「マネージメント」、すなわち、自分勝手な欲求をおさえ、状況に柔軟に対応しながら、自分や他者との関係を調整すること。

これらの力、「人間力」を発揮してＡＩを開発し・使いこなし・われわれ人間に資する能力をもたせることができるのですから。

表L－6　ＡＩに負けない力を育む子育て

★受験偏差値・・・暗記能力
これで対応できる仕事
⇔ AIに取って代わられる

★AIに負けない力
(1)クリエイティビティ ⇒ 新たな価値の創造
(2)ホスピタリティ ⇒ 他者への共感と配慮
(3)マネージメント ⇒ 状況対応の自己調整

AIに負けない力を育てるために親や先生ができること

「50の文字を覚えるよりも、100の何だろう？を育てたい」（内田、2004）を謹呈したいと思います。自分から本当にやろうとしないと自分の力にはなりません。しかし、自分で関心をもてばあっという間に習得してしまいます。文字は子どもの関心の網の目に引っ掛かってくるもののひとつにすぎないのです。肝心なのは文字が書けるかどうかではなく、文字で表現したくなるような内面の育ちです。

乳幼児期から児童期にかけての発達課題はＡＩに負けない力を育むことです。そのためには、親や先生は次のように関わっていただきたいと思います。

第1に、子どもに寄り添い安全基地になること。

第2に、他の子と比べず、その子自身の進歩を認め、3Hのことば（「ほめる」「はげます」「（視野を）ひろげる」）をかけてあてること。

第3に、生き字引のように余すところなく定義や説明を与えない。

第4に、裁判官のように判決を下さない。禁止や命令ではなく、「〜したら？」と提案し、子どもの思いや願いをくみとること。

第5に、子ども自身が考え、判断する余地を残すこと。

以上のＡＩに負けない力を育む共有型しつけ（**表Ｌ－７**）でお子さんを育ててください。親や先生は、子どもが質問したとき、すぐに回答や解説をしないでいただきたいたいと思います。お子さんがどんなところにつまずき、どこに疑問を感じて先に進めないのかをよく洞察してほしいと思います。お子さんが迷っている点が見つかれば、「足場(scaffolding)」（Wertsch et al., 1980）をかけ、子どもが一歩先へ進めるように援助してほしいと思います。適切な足場をかけてあげれば４～５歳の幼い子どもであっても、科学者がたどるのと同じ仮説検証の過程を自力で達成できるのです。

本書の締めくくりに「これにもお豆がなるの？」というエピソードをご紹介します。この

表Ｌ－７　ＡＩに負けない力を育む共有型しつけ５カ条
～頭はいつも先回り・援助は後からついていけ～

1.子どもに寄り添う⇔安全基地<信頼関係>
2.その子自身の進歩を認め褒める⇔他児と比べない。 3H：ほめる・はげます・(視野を)ひろげる
3.「生き字引」のように余すところなく定義や解説、回答を与えない。
4.「裁判官」のように「判決」を下さない ⇒禁止や命令ではなく「提案」を！
5.子ども自身が考え、判断する余地を残すこと。 ⇒自律的思考力　そして　創造的想像力！

エピソードは、適時に適切な足場をかけてあげれば、幼い子どもでも、科学者がたどるような仮説検証過程を自力で進むことができるということを示唆しています。

これにもお豆がなるの？

私はかつて幼稚園の2児を近郊に伴った。彼らは〝みやこぐさ〟の花に注意を引かれたが、その名を問うほかに能がなかった。当時、私どもの菜園には、同じ豆科の〝えんどう〟の花が咲いていたので、私は名を教えるかわりに、その花を持って帰り、おうちでそれによく似た花を見出すようにと指導した。彼らが帰宅後両者の類似を見出した時には、小さいながらも自力に基づく新発見の喜びに燃えた。やがて一人は〝みやこぐさ〟について、〝これにもお豆がなるのか〟と尋ねた。それは誰にも教えられない独創的な質問であった。私はそれにも答えず、次の日曜に彼等に現場で確かめることを提案した。彼等がそこに小さな〝お豆〟を見出した時、そこには自分の推理の当たった喜びがあった。秋が来た。庭には萩の花が咲いた。彼らが萩にも豆のなることを予測した。彼らは過去の経験から、いかなる花に豆がなるかを自主的に知り、その推論を独創的にまだ見ぬ世界に及ぼしたのである。

［渡辺万次郎「科学技術と理科教育」『理科の教育』Vol.8 No.11（1960）］

みやこぐさの花が咲いているのに気づいた子どもは、祖父にその花の名前を尋ねます。しかし、当時、秋田大学学長で植物学者の渡辺さんは、孫に名前を教える代わりに、「お庭に、よく似た花が咲いているから持って帰って探してごらん」と提案します。孫たちは、えんどうの花を見つけ、まだ名前を知らない花と比べ、類推を働かせて質問します。「お花の形がおんなじだ！　えんどうは花が咲いたあと、豆がなる。じゃあこの花にも豆がなるの？」――すごい質問です！　大人は質問に答えることはできますが、質問の仕方を教えることはできません。ですから、渡辺さんはこの質問にも答えませんでした。代わりに「次の日曜日に確かめてみよう」と、足場をかけたのです。孫たちは現場で豆がなっているのを確かめ、予想が当たっていたのを歓びます。自力で見つけた個別ルールは、一般化され「マメ科の植物には豆がなる」という科学的概念に書き換えられて、転移するのです。

このエピソードのように、子どもが疑問をもち質問したときにはすぐに答えを与えるのではなく、子ども自身が自力で探究できるように足場をかけてあげてください。大人のこのような関わりを通して自律的思考力や創造的想像力が育まれるのです。大人ができるのは足場を架けるところまでなのです。足場を上がるか、どんな作業をするかを決める主人公は子ども自身です。学びの主人公は子ども、大人はあくまでも「わき役」に徹していただきたいと思います。

ノブコ先生からのアドバイス

ジュンコさんへ

ＮＨＫのクローズアップ現代＋「ＡＩに負けない仕事術目からうろこ！実践法　人気の教育が」（ＮＨＫ２０１９・４・25）から、ジュンコさんへのアドバイスをいたします。

ジュンコさんがご覧になった「クローズアップ現代」では、未来の教育について二つのやり方が紹介されていましたね。

一つはシアトルのマイクロソフトやアマゾンなど巨大ＩＴ企業で働く親が子どもを通わせている私立学校が紹介されていました。この学校で重視しているのは、協調性と創造性です。教師は「幼いころにスマホやデジタル機器を使うと人との関わり方を考えられなくなってしまいます」ということで、学校ではデジタル機器は使用禁止です。自宅に帰ってもタブレットに触れるのは週末に15分以内だそうです。親たちは「子どもが自分で問題を解決する力や適応力や柔軟性を最大限に伸ばす教育実践」を高く評価していました。

もう一つは、シリコンバレーと日本を往復して大企業に最先端ＡＩ技術を営業する石角友愛さんの教育が紹介されていました。小2のお嬢さんはＡＩスピーカーに向かって「アレクサ、物語を読んで」と指令します。「どんなジャンルの物語がいいですか？」とアレクサが質問します。ＡＩスピーカーとの会話によって命令はどんどん具体的になり、お嬢さん自身が何を読んでもらいたいかがはっきりしたようです。絵を描いているときＡＩスピーカーに向かって「どの色を塗ったらよいか」と質問すると、石角さんはすかさず、「それは自分で決めるものよ」とアドバイスしていました。石角さんは、「自分なりのやり方を見つけることが大事」と思っているのです。石角さんの教育方針は、お嬢さんに最新のＡＩやタブレットに触れて、ＡＩを使いこなす力を育てたいと思っておられるのです。

タブレットでゲームを楽しんでいるご子息たちには、以上にご紹介した二つのやり方を折衷させてはいかがかと提案したいと思います。ＡＩ時代の教育は、コメンテーターの田坂先生がおっしゃっていたように、人間力を育てなければなりません。しかし、松尾さんが指摘されたように、ＡＩの得意・不得意を知って、ＡＩができることは何か、人間がやるべきことは何かをはっきり区別できればＡＩには負けないだろうというのです。その意味でＡＩ時代の到来は人間の可能性を知るよいチャンスなのです。

しっかりした方針のもとに、ＡＩに負けない力を育てることが必要ですね。ご子息たちにはタブレットでゲームをする時間は「一日に30分以内」と決めて、生身の経験をする活動に取り組むようにしてはどうでしょうか。子どもと過ごせる時間はとても短いのです。ご子息が自立・自律するまでの時間は神様が親に与えたプレゼントなのです。親子の触れ合いを大切に、

「共有型しつけ」で関わってあげてください。常に、3H――「ほめる」「はげます」「ひろげる」ことばかけをお願いしますね。ご子息たちと過ごす時間が豊かな時間であるよう、会話と触れ合いを楽しみながら、AIに負けない力が育まれる時間でありますよう願っております。

あとがき

新型コロナウィルスの流行爆発（オーバーシュート）が起きるかどうかの瀬戸際、自宅で本書を執筆しているときに、朝日新聞のdigital版に素敵な記事を見つけました。

本書で提案する「共有型しつけ」についてこれぞ典型と思えるような記事でしたので、本書を読み終わられた読者の皆さまと共有したいと思います。

少し長くなりますが、母親や父親の思いがこころに染み入る素晴らしい文章ですので最初にご紹介させていただきます。

長男（9歳　重い小麦アレルギー）と長女（6歳）、二人のお子さんのお母さん（44歳女性グラフィックデザイナー）について、大平一枝さんが紹介しておられました。

「息子のアレルギーは命に関わるほど症状が強いので、ほぼ外食はしません。食べられるお店を探すのが大変なので。学校は試行錯誤を経て、今は息子だけお弁当を持っていっています」

穏やかな表情で淡々と語る。乳児の頃は、アトピーで顔の皮膚が荒れる息子を前に、なるべく薬に頼らず食事療法などで頑張っていた。

「でも全然良くならなくて、家で鬱々《うつうつ》としていました。食物アレルギーは解明されていない部分が多いですが、今は薬も使う考え方が主流。徐々にあんまり頑張りすぎないようになりました。子どもと食物の勉強会に行ったり、息子は子どもだけの勉強会に行ったりしています。お菓子の原材料の見方とか、教えてくれるんですよ」

友達との遊びや旅行など、親の目が届かないことも年々増える。親子でアレルギーと向き合ってきて、たどりついたマイルールは、「食べたことのないものは食べない」というシンプルなものだ。

夫と家事や育児を分担している。ともにアレルギー対応の料理にとりくむことで、食生活が格段にゆたかになり、台所に立つのが億劫《おっくう》でなくなったという。

〈中　略〉

夫婦で「休日は友達や家族同士で遊ぶようにして、外からの風を意識している」と語る。公園のピクニックや、自宅での持ち寄り宴会も多い。自家製キムチを作るため、庭で白菜を干していた。これもそのうち来客に供されるんだろう。

長男が生まれた頃は、アレルギーも育児もわからないことだらけだったというが、9年間夫婦で手探りでつかんだ正解がたくさん積み重なって、気負わぬ今がある。

「そういえば僕、カンドーした」

「これほどのアレルギー児童は受け入れたことがない」と小学校入学のときに教師に言われた。ひとりだけ弁当を持参している。

1年前、親子でドラえもんの映画を見に行き、彼女だけぼろぼろ泣いた。長男に不思議そうな顔で「どこで泣いたの？」と聞かれた。

「感動したんだー」

「えー、カンドーってどういう感じ？　僕、わっかんないなー。いいなって思うことあるけどいつも泣くほどじゃないから」

以来、テレビですぐ泣く母を見ては「なに、いまカンドーしたの？　それ、カンドー？」と、興味津々で聞く。

ある日の夕食後。洗い物をしていると、長男が言った。

「あ、そういえば僕、カンドーしたことあった」

「え、いついつ？」

「学校でお弁当のふた開けるとき、カンドーして泣きそうになるの。お母ちゃん、いつもありがとね」

突然のありがとうに驚きながら、彼女は恐る恐る聞き返した。

「うん、ありがとう。……先生に、感謝の気持ちを伝えるように言われたの？」

「ちがうよ。お母ちゃん頑張ってるなーって思ったらいつも泣きそうになるの。今日もだよ。これ、カンドーだよね？」


人は出産したからといって急に親になれるわけではないと私は思う。あっちにごつん、こっちにごつんと頭をぶつけながら、悩んだり怒ったり落ち込んだり笑ったりしながら、たとえば各駅停車でだんだん本物の母になっていくようなものではないかと。


〔『東京の台所』〈２０５〉「育児は『聞いてないよ』と、葛藤の連続」

（朝日新聞デジタル＆ｗ　２０２０・３・25、文・大平一枝）〕

この記事にあるように、子どもを持てば、すぐに母親になるわけではありません。大平さんが紹介したこの女性は、毎日、息子のアレルギーに配慮したご飯を作り、夫と、二人の子どもにたくさんの愛情を与えています。しかし、この息子さんから、いや、それだけではなく、娘さんとだんなさんからも、毎日たくさんの愛情をもらいながら、素敵なお母さんになっている真っ最中なのですね。

大好きなお母さんからもらった「カンドー」。このお子さんは、これを支えにしてラクラク「9歳の壁」を乗り越えられるに違いありません。

子どもと過ごせる時間は短いのです。お子さんと過ごせる日々の暮らしを大切に、そしてていねいにお過ごしください。「共有型しつけ」でお子さんのこころに「カンドー」を与えられるような子育てをしていただきたいと願っております。

この本を企画いただきました国立青少年教育振興機構理事長の鈴木みゆきさん、子どもの未来応援団の高尾展明さん、ジアース教育新社社長の加藤勝博さん、そして、本書の編集者であるジアース教育新社の舘野孝之さん、池田いつ江さんの心を込めてのご尽力に深く感謝申し上げます。

二〇二〇年（令和二年）八月五日

「三密」をさけ、人間に最も不得手な「三疎」（あわない・ふれない・しゃべらない）でステイホーム。コロナウィルス流行の終息を願いつつ。

内田伸子

AIに負けない力　文献リスト

1章　個性

サイモン・バロン=コーエン（著）・三宅真砂子（翻訳）『共感する女脳、システム化する男脳 』 NHK出版，2005年.

Geschwind, N., & Galaburda, A. M. (1987) . Cerebral lateralization:Biological mechanisms, associations, and pathology. Cambridge, Massachusetts:The MIT Press. 品川嘉也（訳）1990『右脳と左脳ー天才は　なぜ男に多いかー』東京化学同人.

内田伸子・向井美保（2008）「赤ちゃんが環境変化に気づくときー「図鑑型」と「物語型」内田伸子（編著）『よくわかる乳幼児心理学』ミネルヴァ書房.

2章　認知革命

池田政子（2015）「保育現場のジェンダー問題」『教育心理学年報』第55集，pp.275-277.

内田伸子（2017a）『発達の心理～ことばの獲得と学び』サイエンス社.

内田伸子（2017b）『子どもの見ている世界～誕生から6歳までの「子育て・親育ち」～』春秋社.

ヴィゴツキー，L.S.　柴田義松（訳）（1932原典／1968訳）『言語と思考』明治図書.

読売新聞生活部（監修）（2017）『ことばのしっぽ「こどもの詩」50周年精選集』読売新聞社.

3章　ことばの力

Cummins, J. (1981) Age on arrival and immigrant second language in Canada. Applied Linguistics, 11, pp.132-149.

Cummins, J. (1984) Wanted: A theoretical framework for relative language proficiency to academic achievement among bilingual students. In C. Rivera (Ed.), Language proficiency and academic achievement. (pp.2-19) Clevendon: Multilingual Matters.

鳥飼玖美子（2016）『本物の英語力』講談社現代新書，講談社.

鳥飼玖美子（2018）『子どもの英語にどう向き合うか』NHK出版新書，NHK出版.

内田伸子（1999a）「第二言語学習における成熟的制約—子どもの英語習得の過程」、桐谷　滋（編）『ことばの獲得』ミネルヴァ書房，pp.195-228.

内田伸子（1999b）『発達心理学～ことばの獲得と教育～』. 岩波書店.

内田伸子（2017）『発達の心理～ことばの獲得と学び』. サイエンス社 .

内田伸子・早津邑子（2004）『異文化に暮らす子どもたち——ことばと心をはぐくむ』金子書房.

安井　稔（2004）「早期英語教育をどうする」，大津由紀雄（編著）『小学校での英語教育は必要か』慶應大学出版会、pp.129-146.

4章　想像するこころ

V・E フランクル　霜山徳爾（訳）（1948原典／1961訳）『夜と霧ードイツ強制収容所の体験記録ー』 みすず書房.

内田伸子（1985）「幼児における事象の因果的統合と産出」『教育心理学研究』第33巻，第2号，pp.124-134.

内田伸子（1986）『ごっこからファンタジーへ－子どもの想像世界－』新曜社.
内田伸子（1990）『想像力の発達－創造的想像のメカニズムー』サイエンス社.
内田伸子（1996）『子どものディスコースの発達－物語産出の基礎過程』風間書房.
内田伸子（1999）「第二言語学習における成熟的制約―子どもの英語習得の過程」、桐谷滋（編）『ことばの獲得』ミネルヴァ書房，pp.195-228.
L. S. ヴィゴツキー 福井研介（訳）（1974）『子どもの想像力と創造』新読書社.
渡邉雅子（1998 ／ 2006）『納得の構造－日米初等教育に見る思考表現のスタイルー』東洋館出版社.（1998 年コロンビア大学博士論文）

5章　非認知スキル

OECD（2015）Skills for Social Progress: The Power of Social and Emotional Skills, Paris OECD.；無藤　隆・秋田喜代美〔監訳〕（2018）『社会情動的スキル―学びに向かう力』明石書店 .
Freire, P. (1970) Pedagogy of the oppressed, New York: Continuum. ;小沢有作・楠原彰・柿沼秀雄・伊藤周〔共訳〕（1979）『被抑圧者の教育学』亜紀書房.
Gutman, L.M.and Schoon, I. (2013) The impact of non-cognitive skills on outcomes for young people: Literature review, Institute of Education, University of London.
浜野　隆　（2020）「国際比較でみる日本の「非認知能力」の課題－ PISA2018「読解力低下」問題を手がかりに－」『日本教材文化研究財団研究紀要』第 49 号、pp.42-51.
文部科学省（2019）「OECD 生徒の学習到達度調査 2018 年調査（PISA2018）のポイント」https://www.nier.go.jp/kokusai/pisa/pdf/2018/01_point.pdf（2019 年 12 月 13 日最終閲覧）
森口佑介（2019）『自分をコントロールする力―非認知スキルの心理学』講談社現代書.
杉原　隆・河邉貴子（2014）『幼児期における運動発達と運動遊びの指導』ミネルヴァ書房.
内田伸子・浜野　隆（共編著）（2012）『世界の子育て格差――子どもの貧困は超えられるか』金子書房.

6章　探究心

Hatano, G., & Inagaki, K. (1986) Two courses of expertise. In H.A.H. Stevenson & K. Hakuta (Eds.), Child development and education in Japan (pp. 262-272) . New York: Freeman.
広島県教育委員会検証改善委員会（2008）『広島県全国学力学習状況調査報告書』.
鶴田清司・河野順子共著（2014a）『論理的思考力・表現力を育てる言語活動のデザイン小学校編』明治図書.
鶴田清司・河野順子共著（2014b）『論理的思考力・表現力を育てる言語活動のデザイン中学校編』明治図書.
内田伸子（1989）「子どもの推敲方略の発達－作文における自己内対話の過程－」『お茶の水女子大学人文科学紀要』42, pp.75-104.
内田伸子（1990）『子どもの文章－書くこと・考えること』東京大学出版会.
内田伸子（1996）『ことばと学びー響きあい、通いあう中でー』金子書房.
内田伸子（1999）『発達心理学―ことばの獲得と教育』岩波書店.
内田伸子（2011）『修士課程・博士課程の過ごし方；お茶の水女子大学大学院女子院生への激』（大学院ゼミの第一回に配布した授業資料；内田にご請求くだされば添付ファイルでお送りします。）
内田伸子（2012）「ことばの力に培う『みんなで伸びる授業デザイン』～「論理科」カリ

キュラム開発と実践の効果〜」熊本大学教育学部附属小学校『紀要第 61 集< 3 年次>ことばの力に培う「みんなで伸びる授業デザイン」〜豊かな対話を育む「論理科」カリキュラムの開発〜第 21 〜 23 年度　文部科学省指定研究開発学校』pp.198-213.
内田伸子（監修と著）・浅川陽子（著）（2006）『ことばの生まれ育つ教室―子どもの内面を耕す授業』金子書房.
内田伸子・板倉昭二（共編著）（2016）『高校生のための心理学講座―こころの不思議を解き明かそう』誠信書房.
内田伸子（2017）『発達の心理〜ことばの獲得と学び〜』サイエンス社.
内田伸子・鹿毛雅治・河野順子・熊本大学教育学部附属小学校（2012）『「対話」で広がる子どもの学び―授業で論理力を育てる試み』明治図書.
渡邊雅子（2004）『納得の構造－日米初等教育に見る思考表現のスタイル－』東洋館出版社.
L. S. ヴィゴツキー　柴田義松（訳）（1932/1968）『思考と言語』、明治図書.
Vygotsky, L. S. (1963) Learning and mental development at school age. In B. Simon, & T. Simon (eds.), Educational psychology in the USSR. London: Routledge & Kagan Paul.

終章　AI に負けない力

齋藤　有・内田伸子（2013a）「母親の養育態度と本の読み聞かせ場面における母子相互作用の関係に関する長期縦断的検討」『読書科学』第 55 巻、第1・2号合併号、pp.56-67.
齋藤　有・内田伸子（2013b）「幼児期の絵本の読み聞かせに母親の養育態度が与える影響：共有型と「強制型」の横断的比較」『発達心理学研究』第 22 巻、第 2 号、pp.150-159.
富山尚子（2003）『認知と感情の関連性―気分の効果と調整過程』風間書房.
内田伸子（1999）『発達心理学―ことばの獲得と教育―』岩波書店.
内田伸子（2004）「おもちゃの究極―白無垢の球〜子どもの発達に資する「マルチおもちゃ」の開発をめぐって〜」『循環とくらし』No.4, pp.24-29.
内田伸子（2008）『幼児心理学への招待―子どもの世界づくり<改訂版>』サイエンス社.
内田伸子・浜野隆（編著）（2012）『世界の子育て―貧困は越えられるか?』金子書房.
Wertsch, J.V., McNamee, G.D., McLane, J.B., & Budwig, N.A. (1980) The adult-child dyad as a problem-solving system. Child Development, 51, pp.1215-1221.

内田伸子《うちだのぶこ》のプロフィール

【現　職】
IPU・環太平洋大学教授、福岡女学院大学大学院客員教授、お茶の水女子大学名誉教授、十文字学園女子大学名誉教授。

【専門分野】
発達心理学、言語心理学、認知科学、保育学。

【履　歴】
お茶の水女子大学文教育学部卒業、同大学院修了、学術博士(Ph.D.in Psychology)。お茶の水女子大学文教育学部専任講師、助教授(1980)、教授(1990)、2004年～文教育学部長、2005年～お茶の水女子大学理事・副学長、2012年～筑波大学常勤監事、2014年～十文字学園女子大学理事・特任教授、2019年～現職。

【主要著書】
『子どもの文章―書くこと・考えること』(東京大学出版会、1990)、『まごころの保育―堀合文子のことばと実践に学ぶ―』(小学館、1998)、『発達心理学―ことばの獲得と教育』(岩波書店、1999)、『異文化に暮らす子どもたち』(金子書房、2004)、『よくわかる乳幼児心理学』(ミネルヴァ書房、2008)、『世界の子育て―貧困は超えられるか』(金子書房、2012)、『子育てに「もう遅い」はありません』(冨山房インターナショナル、2014)、『0歳からのエデュケア』(冨山房インターナショナル、2015)、『発達の心理―ことばの獲得と学び』(サイエンス社、2017)『子どもの見ている世界―誕生から6歳までの「子育て・親育ち」』(春秋社、2017)ほか多数。

【受賞歴】
城戸奨励賞(日本教育心理学会、1978)、読書科学研究奨励賞(日本読書学会、1980)　読書科学賞(日本読書学会、2000)、磁気共鳴医学会優秀論文賞(日本磁気共鳴医学会、2006)国際賞功労賞(日本心理学会、2016)、文化庁長官表彰受賞(文化庁、2019)、心理学名誉会員(日本心理学会、2019)。

【社会活動】
NHK「おかあさんといっしょ」の番組開発・コメンテーター、ベネッセの子どもチャレンジの監修、しまじろうパペットの開発、創造性開発の知育玩具「エポンテ」シャチハタとの共同開発(「日本おもちゃ協会」知育玩具部門優秀賞、2015)。

一般社団法人 子どもの未来応援団

　未来を担う子どもたちの心身ともに健全な成長を図るため、社会教育の充実・振興を通して、子どもと大人の学びの活動を支援することを目的として設立された、社会教育団体です。

　企業、大学、公益社団法人日本PTA全国協議会等、各教育関係団体と連携・協力しながら『日本の子どもの未来が無限に広がる』ために、積極的に活動しています。

略称 ASChiT（アスキット、明日きっと）Association for Supporting Children's Tomorrow

AI に負けない子育て
～ことばは子どもの未来を拓く～

令和2年9月 10 日　初版第 1 刷発行
令和4年3月 31 日　オンデマンド版第 1 刷発行

著	内田　伸子
企画・編集	一般社団法人子どもの未来応援団
発 行 者	加藤　勝博
発 行 所	株式会社ジアース教育新社

　〒 101-0054　東京都千代田区神田錦町 1-23　宗保第 2 ビル 5F
　TEL 03-5282-7183　FAX 03-5282-7892
　E-mail：info@kyoikushinsha.co.jp
　URL：https://www.kyoikushinsha.co.jp/

表紙・本文デザイン・DTP　　土屋図形株式会社
Printed in Japan
ISBN978-4-86371-553-0
定価は表紙に表示してあります。
乱丁・落丁はお取り替えいたします。（禁無断転載）